Couverture inférieure manquante

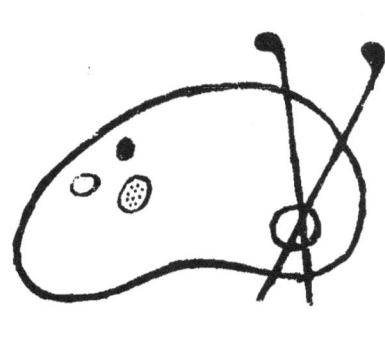

Début d'une série de documents
en couleur

LE

ROYAUME D'ARLES

ET DE VIENNE

ET SES RELATIONS AVEC L'EMPIRE

DE LA MORT DE FRÉDÉRIC II

A LA MORT DE RODOLPHE DE HABSBOURG

1250-1291.

par Paul FOURNIER

Extrait de la *Revue des questions historiques*, avril 1886

PARIS

LIBRAIRIE DE VICTOR PALMÉ, ÉDITEUR

76, Rue des Saints Pères, 76

1886

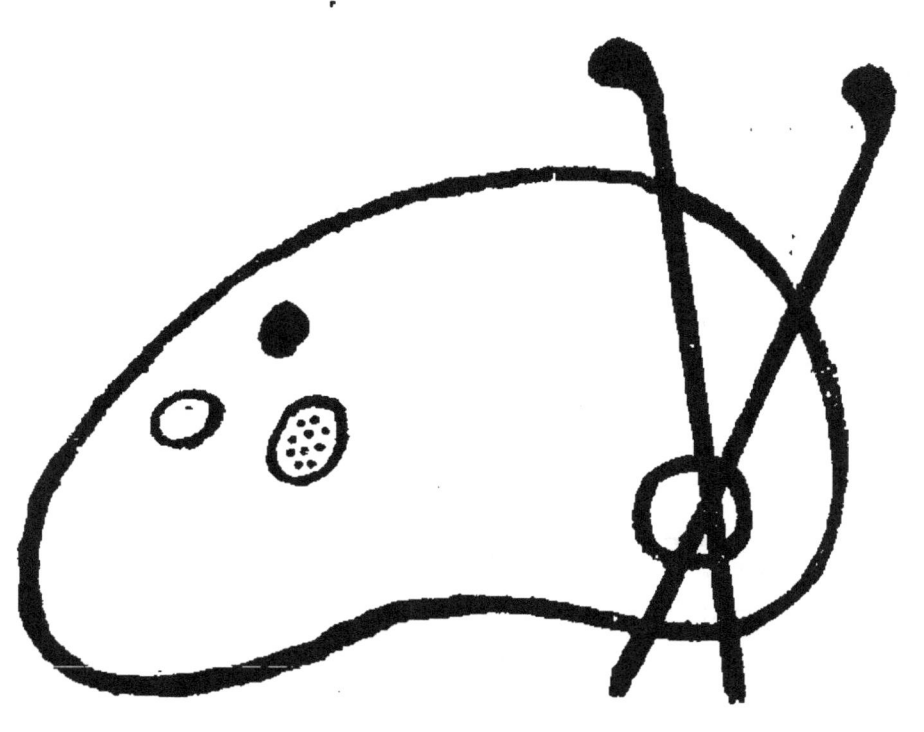

Fin d'une série de documents
en couleur

LE

ROYAUME D'ARLES

ET DE VIENNE

LE

ROYAUME D'ARLES

ET DE VIENNE

ET SES RELATIONS AVEC L'EMPIRE

DE LA MORT DE FRÉDÉRIC II

A LA MORT DE RODOLPHE DE HABSBOURG

1250-1291.

par Paul FOURNIER

Extrait de la *Revue des questions historiques*, avril 1886

PARIS

LIBRAIRIE DE VICTOR PALMÉ, ÉDITEUR

76, Rue des Saints Pères, 76

1886

LE ROYAUME D'ARLES ET DE VIENNE

ET SES RELATIONS AVEC L'EMPIRE DE LA MORT DE
FRÉDÉRIC II A LA MORT DE RODOLPHE DE HABSBOURG

1250-1291.

I

Du temps de la plus grande puissance de l'Empire Germanique, les Empereurs avaient peine à assurer leur autorité dans les provinces comprises entre le Rhône, les Alpes et la Méditerranée, que le moyen-âge connaissait sous le nom de royaume d'Arles et de Vienne [1]. Sans doute depuis que le dernier roi d'Arles, Rodolphe avait laissé son héritage à Conrad le Salique, ces contrées n'avaient pas cessé de faire partie de l'Empire ; mais le plus souvent les souverains allemands n'y avaient possédé du pouvoir que l'apparence . plus d'un avait pu répéter les doléances que, dès 1132, Lothaire adressait à l'archevêque d'Arles sur l'oubli où étaient tombés les droits de sa couronne. Seuls les deux grands hommes de la dynastie des Staufen, Barberousse et Fréderic II, y possédèrent une autorité efficace; mais ils la durent plus à des circonstances particulières qu'aux droits de leur titre impérial. Barberousse, que son mariage avec l'héritière des comtes de Bourgogne avait solidement établi en Franche-Comté, pouvait de cette province accéder facilement aux régions du sud-est d . la France et y faire pénétrer son influence; Frédéric II, à la fois empereur et roi de Sicile, et par là le plus redoutable des potentats italiens, était en mesure d'exercer une action

---

[1] On comprit souvent sous cette désignation la Franche-Comté ; mais à l'époque qui nous occupe, les destinées de la Comté et des provinces du sud-est étaient pour longtemps séparées.

puissante sur les destinées des seigneurs et des villes de la Provence. On sait que Barberousse donna à ses contemporains étonnés le spectacle nouveau d'un empereur d'Allemagne ceignant la couronne royale à Saint-Trophime d'Arles : sous le règne de son petit-fils, en 1238, on vit, spectacle plus étrange encore, les contingents du Dauphiné, du Valentinois et de la Provence se ranger, avec une bonne volonté au moins douteuse chez quelques-uns, sous les drapeaux de l'expédition que Frédéric II dirigeait contre les Lombards : ils n'y furent témoins que d'un lamentable échec, et, dès lors, avec la fortune de Frédéric, s'évanouit peu à peu son influence dans le royaume d'Arles [1].

Un fait met en pleine lumière cette décadence ; c'est à Lyon, ville qui n'avait jamais cessé de relever de l'Empire, qu'Innocent IV put chercher un refuge assez sûr pour y prononcer dans un concile général la déposition de son redoutable adversaire. Qu'on se figure, par impossible, Pie VII réfugié dans une ville importante de l'Empire français d'où il eût pu impunément braver Napoléon et l'excommunier ; telle était à peu près la situation du Pape vis-à-vis de l'Empereur en 1245. Après l'avortement de l'expédition préparée en 1247 par Fréderic contre la Cour romaine et les Lyonnais, les villes et les seigneurs, jusqu'alors dévoués à la cause impériale, l'abandonnent les uns après les autres ; quand, à ses derniers moments, l'Empereur choisit parmi ses nombreuses couronnes celle de Vienne et d'Arles pour la léguer à l'un de ses fils, il ne lui laisse qu'un vain titre et une ombre de royauté. Les descendants de Frédéric le comprirent : on sait quels efforts ils firent pour reconquérir leur patrimoine des Deux-Siciles ; au contraire, il ne paraît pas qu'ils aient jamais conçu le projet d'une entreprise qui pût leur rendre le royaume de Vienne.

« La chute de la maison de Souabe fut pour l'Allemagne l'occasion d'une crise à nulle autre pareille. Plus de pouvoir protecteur, plus de loi reconnue.... Cette période désolante est connue dans l'histoire sous le nom de grand interrègne, non pas qu'il y ait eu vacance continuelle du trône impérial pendant ce temps, mais parce que l'efficacité de sa puissance est demeurée comme

---

[1] Sur l'histoire du royaume d'Arles aux temps des Empereurs Souabes, voir les études publiées dans le *Bulletin de l'Académie Delphinale* des années 1883 et 1884.

suspendue pendant dix-neuf ans. Tout ce qu'une société peut éprouver de maux pendant une si longue anarchie, l'Allemagne l'a souffert [1]. »

L'abaissement du pouvoir impérial entraîna des conséquences moins graves pour le sud-est de la France, habitué depuis long-temps à se passer de souverain : les rivalités et les querelles des petits États si nombreux entre lesquelles étaient partagées ces régions, y entretinrent, comme par le passé, une anarchie que les Staufen n'avaient guère réussi à contenir. A vrai dire, l'in-terrègne n'était pas fait pour relever dans ces contrées le respect dû à la majesté impériale. Ce n'est pas que le royaume d'Arles fût complètement abandonné à lui-même ; à plus d'une reprise, les divers personnages qui se disputaient l'Empire essayèrent de se faire des partisans dans ces contrées. Ils n'étaient point absolument dépourvus de moyens d'action : les privilèges qu'ils distribuaient libéralement, conféraient, en droit, une certaine in-dépendance aux évêques et aux seigneurs qui les obtenaient ; en tous cas on pouvait les rechercher comme les hochets de la vanité humaine, toujours féconde dès qu'il s'agit d'inventer des distinctions nouvelles. Puis, comme en plus d'une matière les privilèges impériaux créaient une sorte de légitimité, on y eut recours pour régulariser des situations équivoques ou légitimer des usurpations évidemment iniques : par exemple, en 1281 Raymond Ier de Baux, prince d'Orange, ordonnait par testament de restituer aux habitants des rives du Rhône une somme con-sidérable représentant les recettes du péage du sel qu'il avait injustement prélevé ; or l'iniquité consistait en ce que le péage avait été perçu avant d'être autorisé par l'Empereur [2]. L'Empire apparaissait encore comme un idéal d'organisation et de justice ; c'est à cette idée traditionnelle qu'il devait le peu de prestige qui lui restait.

Cependant les tentatives de ces fantômes d'Empereurs qui s'appelèrent Guillaume de Hollande, Alfonse de Castille et Richard de Cornouailles étaient condamnées à demeurer infruc-tueuses en ce qui concerne le royaume d'Arles ; les seigneurs

---

[1] Ch. Giraud, *l'Allemagne en 1273 et l'élection de Rodolphe de Habs-bourg*, dans *Séances et Travaux de l'Académie des sciences morales et politiques*, année 1868, p. 47.

[2] Barthélemy, *Inventaire chronologique et analytique des chartes de la maison de Baux* (Marseille, 1882), n° 619.

ecclésiastiques ou laïques du sud-est de la France ne s'inclineront désormais que devant un pouvoir assez fort pour leur imposer des lois ; ce ne sera pas sous la main débile des faibles souverains de l'Empire, mais sous la main ferme et vigoureuse des rois Capétiens qu'ils se résigneront à se courber. Il convient toutefois de rappeler ici ces tentatives avant de montrer les progrès incessants de l'influence française dans ces contrées.

II

Après la mort de Frédéric II, Guillaume de Hollande, se croyant peut-être assuré d'un rapide triomphe, se rendit à Lyon pour y rencontrer le pape Innocent IV et célébrer avec lui les fêtes de Pâques de l'année 1251 [1]. Aussitôt, de toutes les régions voisines, pèlerins et curieux affluèrent en si grand nombre que la ville ne suffisait plus à les contenir ; afin de répondre à leurs vœux il fallut, le Jeudi-Saint, que le pape sortît de Lyon pour aller porter sa bénédiction à la multitude rassemblée dans une immense plaine. Le lendemain vendredi le roi des Romains et sa suite assistèrent à la fonction pontificale, au cours de laquelle Innocent IV adressa aux fidèles un sermon en langue vulgaire [2].

Nous ne connaissons de cette entrevue que les détails extérieurs ; les contemporains ne nous ont point conservé la trace des pourparlers échangés entre les deux souverains, ni des résolutions prises par eux en vue d'abattre les derniers débris de la puissance des Staufen. Après les fêtes, le mercredi de Pâques 19 avril 1251, le pape et le roi quittèrent Lyon ; Innocent, accompagné de sa cour, s'embarqua sur le Rhône qu'il suivit jusqu'à Orange pour aller ensuite à Marseille [3] et à Gênes ; main-

---

[1] « Venerat proinde illuc inter omnes principes et magnates Rex Alemanniæ Christianissimus Guillelmus filius devotus Ecclesiæ ut et ipse gauderet aspectu et præsentia tanti Patris. » Nicolas de Curbio, dans Muratori, *Scriptores rerum Italicarum*, III, c. xxx.

[2] Au fur et à mesure que le pape parlait, l'archevêque de Trèves traduisait ses paroles en allemand pour qu'elles pussent être comprises du roi Guillaume. Voir sur ce séjour à Lyon les témoignages cités par Hüffer, *die stadt Lyon und die Westhalfte des Erzbisthums in ihren politischen Beziehungen zum Deutschen Reiche* (Munster, 1878), 95. — Cf. Böhmer-Ficker, *Regesta Imperii* (1882), 945. Nicolas de Curbio. *loc. cit.*

[3] « Deinde per terram venit Marsiliam, ubi multa magnificentia est susceptus a civibus civitatis. » Nicolas de Curbio, *ibid.*

tenant que le terrible ennemi de l'Église Romaine était vaincu,
la Papauté pouvait, après sept ans d'exil, rentrer sur cette terre
d'Italie dont elle ne saurait être définitivement séparée. De son
côté Guillaume regagnait l'Allemagne par la Franche-Comté :
aucun document ne porte à croire qu'il ait profité de son séjour
à Lyon pour appeler auprès de lui les seigneurs ecclésiastiques
et laïques du royaume d'Arles et de Vienne et leur confirmer
leurs privilèges.

Son retour fut cependant marqué par une tentative qui, si elle
eût été couronnée de succès, eût pu donner un point d'appui à
l'action de l'Empire dans le sud-est de la France. Le comte
palatin Hugues de Bourgogne avait eu l'heureuse fortune de
réunir sur sa tête, par son mariage avec Alix de Méran, les
droits des deux branches de sa famille ; mais il se trouvait alors
en lutte ouverte avec son père, Jean de Châlon, le descendant de
la branche cadette des palatins, qui, sous l'influence d'une
seconde femme, oubliait ses sentiments paternels [1]. Guillaume
de Hollande profita de la nécessité où se trouvait Jean de
Châlon pour conclure avec lui un arrangement favorable à tous
deux : Jean promit au roi des Romains son assistance et un prêt
de dix mille marcs d'argent, en échange desquels il reçut en
gage les droits de l'Empire à Lausanne et à Besançon, et fut autorisé à battre monnaie à Salins [2].

Outre les avantages matériels qu'il retirait de cette négociation, c'était un succès pour Guillaume que d'avoir été reconnu

[1] Castan, *Probabilités d'un voyage du roi saint Louis à Besançon en
1259*, dans *Bibliothèque de l'École des chartes*, XXXIV, 389, (1873).

[2] Guillaume de Hollande, qui avait quitté Lyon le 19 avril, passa à Salins
le 22 et le 23. Voyez ses actes dans Teulet, *Layettes du Trésor des chartes*,
III, 123, nos 3934 et 3935. Cf. *Regesta Imperii*, p. 945. Au mois d'août, ces
concessions furent confirmées par Innocent IV. Teulet, *ibid.*, 3957 et 3958.
Est-ce à ce traité que font une très inexacte allusion ces mots d'un historien contemporain : « Le roi des Romains Conrad (!) traité de fils d'Hé-
rode par le pape, se procura en Allemagne 10,000 marcs d'argent en don-
nant les villes d'Arles (!), de Besançon et de Lausanne au duc français de
Bourgogne. » Je cite textuellement Zeller, *L'Empereur Fréderic II*, p. 450.
— Un acte de juillet 1253 mentionne que Guillaume, roi des Romains, a
donné à Jean de Châlon, « totes les droitures, les seignories, les usaiges et
les costumes que il, par nom l'ampire de Rome et dou reaume d'Allemagne
et d'Arle, doit avoir en la cité de Besançon et de Losanne. » Teulet, III,
p. 191, n. 4068. C'est peut-être une fausse interprétation de cet acte qui a
déterminé la grave erreur de M. Zeller.

par un seigneur aussi considérable que Jean de Châlon : peut-
être même, par son intervention dans les affaires de la Comté,
parviendrait-il à se ménager dans ces régions une autorité qui
lui permettrait ensuite de faire sentir son influence sur les provinces du royaume d'Arles peu éloignées de la Bourgogne [1]. En
tous cas, le roi des Romains travaille à se faire des amis en Dauphiné et en Provence. L'ancienne politique des Empereurs, qui
avait si bien réussi à Barberousse au siècle précédent, consistait
à s'attacher le clergé par de nombreuses concessions de privilèges ; évêques et abbés aimaient à se placer sous la dépendance
immédiate de la couronne impériale, espérant ainsi se sous-
traire à l'oppression des seigneurs laïques, qui, sous prétexte
d'avouerie ou pour tout autre motif, commettaient à l'égard des
Églises d'incessantes déprédations. Un moyen s'offrit à Guillaume de Hollande de nouer des relations avec les évêques du
midi de la France ; il n'eut garde de le laisser échapper.

Henri de Suse, célèbre plus tard comme légat du Saint-Siège
et comme canoniste sous le nom de cardinal d'Ostie, était alors
archevêque d'Embrun : possédant la confiance d'Innocent IV, il
avait dû quitter sa résidence pour le service de l'Église et du roi
des Romains : c'est évidemment par lui que Guillaume de Hollande put se mettre en rapport avec les évêques de la Provence
et du Dauphiné. Plusieurs diplômes, tous de l'année 1251, attes-
tèrent cette tendance de la politique du roi des Romains : l'un
d'eux reconnaissait et énumérait les droits de l'archevêque
d'Embrun et la juridiction temporelle qui lui appartenait sur
des territoires sis dans les diocèses d'Embrun, de Gap et de
Turin. L'Empereur lui concédait en outre des privilèges très
étendus, qui, d'après les idées des jurisconsultes du temps,
impliquaient une délégation de la souveraineté : ainsi le droit
d'accorder des lettres de légitimation, et celui de créer des
notaires et tabellions [2]. Quelques mois auparavant, Guillaume
avait confirmé dans leurs possessions et privilèges les Églises

---

[1] Il peut au moins par là exercer quelque influence en Comté, comme le
prouvent des actes de 1255. Teulet, nᵒˢ 4186, 4187, 4188 : actes en faveur de
Jean, comte de Bourgogne. — En 1252, Guillaume de Hollande avait confirmé les privilèges accordés par Frédéric II à l'abbaye de Bastan, près
Besançon. *Regesta Imperii*, p. 952.

[2] Diplôme daté de Cologne, 15 décembre 1251. Chambre des Comptes de
Grenoble, B 3011, f. 158 (copie). — *Regesta*, no 114.

de Grasse [1] et de Sisteron [2] : or, Henri de Suse avait passé sur le siège de Sisteron avant d'être élu à Embrun, et l'évêque de Grasse dépendait comme suffragant de cette métropole, circonstances qui démontrent la part prise par l'archevêque à ces concessions ; il avait travaillé pour son successeur et pour son suffragant. Ces divers actes ne manquèrent pas d'irriter vivement le comte de Provence, Charles d'Anjou, fort peu disposé à reconnaître les prétentions des empereurs sur ces contrées ; il n'avait pas oublié combien l'intervention de Fréderic II dans les affaires de Provence avait suscité de difficultés à son prédecesseur Raymond Bérenger, et d'ailleurs son humeur altière et impérieuse se serait mal accommodée de la suzeraineté du nouveau roi des Romains. Aussi fit-il défense à l'évêque de Sisteron de se prévaloir des faveurs impériales. Quelques années plus tard Charles devait fournir d'autres preuves de ses dispositions hostiles aux prétentions de l'Empire.

Cependant l'un des membres importants d'une des familles les plus puissantes et les plus ambitieuses du royaume d'Arles s'était rapproché de Guillaume de Hollande : je veux parler de Thomas de Savoie, veuf de la comtesse Jeanne de Flandre, et par nature « un de ces hommes aventureux qui ne peuvent jamais rester en repos[3]. » De retour dans son pays d'origine, il avait été investi des domaines de sa famille en Piémont, pour les tenir en fief de son frère aîné Amédée IV, comte de Savoie : titulaire de droits mal définis, encore moins reconnus, en lutte avec des adversaires tels que l'évêque et les habitants de Turin ou les bourgeois d'Asti, Thomas avait, suivant les exigences de ses intérêts, oscillé entre les deux grands partis qui se disputaient la péninsule à la fin du règne de Frédéric II. Ainsi avait-il abandonné l'amitié d'Innocent IV pour suivre son frère Amédée dans les rangs des défenseurs de Frédéric II, qui, en récompense, avait comblé les deux frères des faveurs les plus libérales. De nombreux diplômes rendus par l'Empereur à Verceil, vers la fin de l'année 1248, avaient conféré à Thomas, comme fiefs impériaux, Turin, ses ponts et ses forteresses, Moncalieri, Ivrée, Cas-

---

[1] Blitzenhausen, 21 août 1251. *Regesta*, n° 108. *Gallia Christiana*, I, 489. Winkelmann, *Acta imperii inedita*, I, n° 434.

[2] Bouche, *Histoire de Provence*, II, p. 270.

[3] Boutaric, *Marguerite de Provence*, dans *Revue des questions historiques*, III, 441 (1867).

telvecchio et plusieurs châteaux ou bourgs, les péages et autres droits de l'Empire dans le comté de Piémont et la qualité de vicaire impérial dans ces contrées : quelques diplômes de l'année 1249 complétèrent ces concessions [1].

Malheureusement le prestige des chartes de Frédéric II était loin de suffire à faire tomber les résistances des adversaires du comte Thomas. Aussi cherche-t-il d'autres appuis ; dès que se répand la nouvelle de la mort de l'Empereur, il se hâte de revenir au parti d'Innocent IV, sans avoir souci des liens qui devraient le rattacher aux derniers représentants de la maison de Souabe. Un érudit d'outre-Rhin, M. Wurstemberger, a soutenu que Thomas avait préparé cette évolution nouvelle du vivant même de Frédéric [2]; si vraisemblable que soit cette opinion, elle n'a malheureusement d'autre preuve qu'une date, à mon avis erronée, attribuée à une bulle pontificale [3]. En tous cas, quelques mois après la mort de l'Empereur, Thomas de Savoie, absous des censures que lui avait fait encourir son alliance avec Frédéric, épousait la nièce du Pape, Béatrice, fille du comte de Lavagna. Bientôt il offre son hommage au roi des Romains, Guillaume de Hollande, qui, trop heureux sans doute d'être reconnu par un personnage aussi considérable, l'en récompense en lui confirmant les privilèges et les fiefs que lui a accordés Frédéric [4]. Toutefois ni Turin ni Asti ne se montrent plus respectueuses des volontés de Guillaume qu'elles ne l'avaient été des ordres de Frédéric II : il fallut que Thomas entreprît en 1255 contre ses

---

[1] Sur Thomas de Savoie, consulter l'ouvrage trop peu connu de Wurstemberger, *Peter der Zweite, Graf von Savoyen*. Berne et Zurich, 1856-1858, 4 vol. in-8°, II, 211 et ss. ; et IV, *Urkunden*, n. 218 et ss. ; 231, 234, etc. — Huillard-Bréholles, *Historia diplomatica Friderici secundi*, VI, 658 et ss. ; Winkelmann. *Acta Imperii inedita*, I, n. 405 et ss. ; les *Regesta Imperii* (de Böhmer-Ficker), n. 3729 et ss.

[2] *Op. cit.*, I, pp. 214-215.

[3] Wurstemberger reproduit comme daté de Gênes, 22 juin 1250, 7e année du pontificat d'Innocent IV, un document qui appartient à coup sûr à l'année suivante, 8e année du pontificat : car le pape a séjourné à Gênes en juin 1251 et non en juin 1250 : Cf. Potthast, *Regesta Pontificum Romanorum*, n. 14341.

[4] Winkemann, *Acta Imperii inedita*, I, n. 539 à 542. — Cf. *Regesta* (Böhmer-Ficker), p. 954, et Wurstemberger, IV, n. 295 à 300. Guillaume s'adresse aux églises de Turin et d'Ivrée, aux habitants de Turin, d'Ivrée et de Milan, ainsi qu'à de nombreux seigneurs pour les inviter à donner assistance à Thomas de Savoie. Il déclare traîtres à l'Empire les habitants de Turin et leurs confédérés.

adversaires une guerre qui se termina par un désastre : fait prisonnier par ses ennemis, jeté dans un cachot de Turin et chargé de fers [1], il se résigna, après une longue captivité, à accepter les conditions les plus dures ; encore ne dut-il sa liberté qu'à l'intervention opportune des rois de France et d'Angleterre, qui tous deux, par leur mariage, étaient devenus ses neveux.

La paix ne fut rétablie qu'en 1257 ; Guillaume de Hollande était mort l'année précédente, trop tôt pour constater à quel point son autorité était impuissante dans la Haute-Italie, et combien peu on s'y inquiétait de ses ordres et de ses diplômes. Il était d'ailleurs resté fidèle à son alliance avec les princes de Savoie ; peu de temps avant sa mort, il avait hautement témoigné sa faveur à un frère du comte Thomas, le célèbre Pierre, connu au moyen âge sous le nom de Petit-Charlemagne ; le justicier général du Saint-Empire, Adolphe de Waldeck, avait, au nom du roi des Romains, confié à Pierre la protection de la Bourgogne, et plus particulièrement de Berne et de Morat, menacés par les entreprises du comte Hartmann de Kybourg [2]. Déjà la maison de Savoie, avide de s'étendre aussi bien dans les cantons helvétiques que dans l'Italie du nord, rencontre en face d'elle la famille de Kybourg : nous aurons l'occasion de mentionner les longues et sanglantes querelles qui furent la conséquence de cette rivalité.

Guillaume avait à trois reprises essayé d'intervenir dans les affaires du royaume d'Arles et des provinces voisines : on vient, en effet, de suivre ses tentatives d'action diplomatique en Comté, en Savoie, et près des évêques de Provence et du Dauphiné. Or il est bon de remarquer que, sur ces divers terrains, l'influence du roi des Romains fut éclipsée par l'influence française. En Comté, Guillaume avait pris le parti de Jean de Châlon contre son fils Hugues ; en 1254, ce fut saint Louis, qui, de

---

[1] Cf. le traité de 1257 avec Turin. « Cum Dominus Thomas de Sabaudia comes esset a carceribus comunis Taurini... liberaliter et totaliter expeditus, et absque compedibus et vinculis vel custodia aliqua... » Pour qu'il pût traiter, on avait délivré le comte de ses fers. Wurstemberger, IV, n. 444.

[2] Wurstemberger, *Urkunden*, n. 397. « A. Comes Waldecke, sacri Imperii procurator generalis per Germaniam constitutus. » Cf. Kopp, *Geschichte der eidgenössischen Bünde*, Viertes Buch, *die Burgundischen Lande* (Leipzig, 1849, in 8°), p. 238.

[3] Joinville, éd. de Wailly.

retour de la croisade, réconcilia le père et le fils [1]. En Savoie,
Guillaume s'était montré l'ami et le protecteur des membres de
la famille régnante ; mais Thomas eût gémi longtemps dans les
prisons de Turin et d'Asti, si, à la demande de Marguerite de Provence, le roi de France n'avait fait saisir à Paris et dans les
foires de Champagne les personnes et les biens des marchands
d'Asti ; inquiétés dans la sécurité de leurs relations commer-
ciales, les Piémontais se décidèrent à traiter [2]. Enfin, quand il
s'avisa de distribuer des privilèges aux évêques de Provence,
Guillaume, on l'a vu, se heurta à la résistance énergique du
frère de saint Louis, Charles d'Anjou [3]. Décidément, grâce à la
sagesse de sa politique, la royauté Capétienne exerce une autorité désormais sans rivale sur toutes les dynasties seigneuriales
de cette zone mixte qui sépare la France de l'Empire.

III

Cependant la double élection de 1257 avait livré l'Empire aux
compétitions de deux prétendants, Richard de Cornouailles et
Alfonse X de Castille, l'un frère du roi d'Angleterre, l'autre
maître de l'un des plus beaux royaumes de l'Europe méridio-
nale [4]. A Richard se rallieront naturellement les clients habituels
de la politique anglaise : au contraire, Alfonse de Castille,
petit-fils par sa mère du glorieux Barberousse, était en bonne
situation pour se concilier les sympathies des Gibelins, auxquels
il devait apparaître entouré du prestige de la maison de Souabe.
Voyons-les tous deux à l'œuvre dans le royaume d'Arles et de
Vienne ; tous deux y ont des alliés dont ils vont chercher à
tirer parti, mais leurs efforts seront vains, et encore une fois,
grâce aux divisions intestines qui déchirent l'Empire, c'est l'influence française qui gagnera tout le terrain perdu par les prétendants à la couronne impériale.

On sait quels liens intimes unissaient la maison de Savoie à

---

[1] Article cité plus haut de Castan, dans la *Bibliothèque de l'Ecole des
chartes*, année 1873.
[2] Wurtemberger, IV, n. 452.
[3] Voir ci-dessus, p. 438.
[4] Avec les ouvrages généraux, on pourra consulter, sur cette période,
Busson, *die Doppelwahl des Jahres 1257 und das römische Königthum
Alfons X von Castilien* (Munster, 1866, in-8o).

la dynastie anglaise : ces liens avaient encore été resserrés par le mariage du faible Henri III avec Aliénore, fille du comte de Provence et d'une princesse de Savoie. Henri (et ce trait marque bien son infériorité sur son contemporain saint Louis) semble avoir épousé en même temps les intérêts, les ambitions, les rancunes des oncles de sa femme, les fils du comte Thomas Ier de Savoie. Dès que les Savoyards savent qu'ils peuvent exploiter l'Angleterre comme un pays conquis, ils ne s'en font pas faute : Boniface de Savoie reçoit, pour sa part, l'archevêché de Cantorbéry, et devient le chef de l'Église d'Angleterre ; son frère Pierre acquiert des domaines qui lui permettent de devenir un des membres importants de l'aristocratie anglaise : à Londres il possède un palais qui jusqu'à nos jours a transmis à tout un quartier le nom et le souvenir de son pays d'origine. Enfin un troisième frère, Guillaume, évêque de Valence, eût été nommé évêque de Winchester si la nomination n'eût tenu qu'au bon vouloir du roi, et s'il n'avait pas fallu s'arrêter devant la résistance du chapitre. Le mariage de Richard de Cornouailles, frère de Henri III, avec Sancie de Provence, troisième fille de Raymond Bérenger, n'avait pu que rendre plus étroites les relations des Plantagenets avec la maison de Savoie.

Avant même l'élection à l'Empire, quand Pierre de Savoie préparait une expédition pour délivrer son frère Thomas, captif à Turin, Richard de Cornouailles n'avait pas hésité à concourir aux frais de l'entreprise et s'était chargé de protéger pendant ce temps les biens de Pierre dans le royaume anglais [1]. Maintenant qu'il se prétend appelé par le vote des électeurs au rang suprême parmi les souverains, Richard marque par une série de privilèges la faveur où il a toujours tenu les membres de la famille de Savoie. Le 14 avril 1258, alors que le comte Thomas, régent de la Savoie pendant la minorité du jeune Boniface, se dispose à renouveler la lutte contre Turin, Richard l'assure de son appui, et, pour mieux le lui prouver, il le déclara affranchi des engagements par lui contractés, au temps de sa captivité, vis-à-vis d'adversaires que le Roi des Romains affecte de ne considérer que comme des rebelles [2]. — L'année suivante, c'était à Pierre de Savoie que Richard concédait le château et la ville de Gum-

---

[1] Wurstemberger, *op. cit.*, II, 181 et ss.

[2] Aix-la-Chapelle, 14 avril 1258. Winkelmann, *Acta Imperii inedita*, I, n. 452. Wurstemberger, IV (*Urkunden*), n 480.

minen, lui ouvrant ainsi l'accès de régions où bientôt il pourra jouer un rôle important [1].

Sur ces entrefaites, le jeune comte Boniface avait en 1263 trouvé la mort dans une nouvelle expédition entreprise par lui pour maintenir les prétentions de sa race à l'encontre de Turin et d'Asti. Pour longtemps à l'influence de la Savoie dans ces contrées devait succéder celle de Charles d'Anjou, comte de Provence, dont l'ambition démesurée se tournait déjà vers l'Italie. « De nombreux documents, écrit Wurstemberger, prouvent que de 1262 à 1271, Turin fut presque une ville sujette de Charles d'Anjou [2]. »Les annales Gibelines de Plaisance vont même jusqu'à dire que le comte de Provence occupa cette ville. Sans doute, Charles d'Anjou, qui a épousé la dernière fille de Raymond Berenger et de Béatrice de Savoie, est aussi bien que Henri III, Richard de Cornouailles et saint Louis le neveu par alliance des comtes de Savoie ; mais il y avait longtemps que la politique divisait profondément la Savoie et la Provence.

C'est à l'automne de 1263 que Pierre eut, pour la première fois depuis qu'il était devenu comte de Savoie, l'occasion de recourir à son neveu. Au commencement de septembre, on apprit la mort d'Hartmann le jeune, chef d'une branche de la famille de Kybourg, si puissante dans les pays helvétiques. Hartmann ne laissait pour héritier direct qu'une fille en bas-âge. Or, conformément au droit commun, les fiefs impériaux, dont une femme ne pouvait hériter, faisaient retour à l'Empire ; visiblement, ceux de ces fiefs situés dans le pays de Vaud et dans les régions voisines tentaient l'ambition du comte Pierre de Savoie [3]. Il avait d'ailleurs une bonne raison pour s'affermir dans ces contrées ; chacun prévoyait alors la guerre que provoquerait bientôt entre les Kybourg et la Savoie la mort prochaine de Hartmann l'ancien, comte de Kybourg, dont l'héritier le plus proche se trouvait être Rodolphe de Habsbourg. Pas n'était

---

[1] Wurstemberger, *op. cit.*, I, p. 443. Cf. IV, *Urkunden*, n. 526 (11 décembre 1259) : « quemdam locum situm inter villas nostras de Berna et de Murato, super aquam Seroge, qui locus Contamina nuncupatur vulgariter... »

[2] Wurstemberger, II, p. 314. Cf. *Annales Placentini Ghibellini*, Pertz, XVII, 553.

[3] Wurstemberger, II, pp. 342 et ss. ; III, pp. 25 et ss.

besoin d'une clairvoyance particulière pour pressentir une lutte violente entre deux hommes politiques aussi habiles et aussi ambitieux que les comtes de Savoie et de Habsbourg : il s'agissait de savoir qui resterait maître des pays s'étendant de Berne à Lausanne et formant aujourd'hui la partie occidentale de la Suisse. La querelle était d'autant plus inévitable que Hartmann l'ancien avait comblé de libéralités, tant en nue propriété qu'en usufruit, sa femme Marguerite de Savoie, sœur du comte Pierre. Or, Rodolphe ne paraissant pas être homme à respecter ces libéralités, Pierre serait bien obligé de prendre en main les droits de sa sœur et l'honneur de sa maison. Aussi, dès qu'il apprend la mort de Hartmann le jeune, il se rend sans tarder auprès de Richard de Cornouailles, qui est en ce moment occupé à guerroyer contre les barons anglais pour le compte de son frère Henri III, et, le 17 octobre 1263, à Berkamstead, il obtient du roi des Romains l'investiture des fiefs impériaux qui avaient appartenu au défunt Hartmann [1]. Ainsi, à la veille d'une guerre qui devait désoler tout le pays qui sépare le Rhin du lac Léman, Richard n'hésite pas à se prononcer pour la Savoie ; Rodolphe de Habsbourg, obligé de chercher ailleurs un appui, se tournera bientôt du côté de Conradin, le dernier rejeton des Staufen, celui-là même dont la mort tragique devait laisser une trace si profonde dans la mémoire des contemporains [2]. Richard ne s'était pas borné à cette faveur ; par un acte de la même date, il conféra à son oncle Pierre la qualité de vicaire de l'Empire, le comté de Savoie et le pays de Chablais et d'Aoste [3]. L'histoire des comtes de Savoie ne présentait pas d'inféodation analogue, depuis qu'en 1207 Thomas Ier avait payé de l'hommage rendu à Philippe de Souabe quelques agrandissements de ses domaines en Piémont ; mais Pierre avait écarté de la succession du comté de Savoie le fils de son frère aîné Thomas ; il croyait sans doute

---

[1] Wurstemberger, IV (*Urkunden*), n. 628. — Cf. Kopp, *op. citat.*, p. 273.

[2] Avant de partir pour l'Italie, Conradin promet à Rodolphe, s'il devenait empereur, de lui concéder les fiefs de Kybourg. *Ibid.*, p. 279.

[3] L'original de cet acte est perdu. L'acte n'est connu que par des extraits tirés de Pingon (Chronique de Savoie) : Voici comment Wurstemberger l'indique (*op. cit.*, n. 626) : « Ricardus.... investit Petrum comitem Sabaudie de vicariatu Imperii perpetuo, de Comitatu Sabaudie, et de ducatibus Chablasii et Auguste, per tria vexilla. » Böhmer (*Regesta Imperii*, n. 5426) croit à bon droit cette analyse inexacte ou au moins douteuse.

2

de bonne politique de se procurer un titre qui mettait ses droits au-dessus de toute contestation.

A la mort d'Hartmann l'ancien, la guerre éclata, comme on l'avait prévu, entre la Savoie et les Habsbourg. Ce n'est pas le lieu de retracer ici les incidents de cette longue lutte : il convenait seulement de signaler l'appui que Richard de Cornouailles prêta aux princes de Savoie. Le comte Pierre semble d'ailleurs avoir été seul dans le royaume d'Arles à se tourner vers le prétendant ; il est vrai qu'un recueil de date récente mentionne un privilège accordé par Richard à Barral de Baux ; mais l'examen attentif de ce document prouve qu'il n'est qu'une copie falsifiée de la charte accordée par Frédéric II, en 1228, à la maison de Baux [1]. Au surplus, les relations de Barral avec Charles d'Anjou étaient alors assez intimes pour rendre invraisemblable toute démarche du prince d'Orange vis-à-vis de Richard de Cornouailles.

IV

Richard paraît avoir envisagé le titre impérial comme le moyen d'exercer le pouvoir suprême dans l'Europe centrale ; tout autre était le point de vue d'Alfonse de Castille. Le but principal qu'il poursuivit fut l'établissement de sa puissance en Italie [2] ; pour lui, comme pour Frédéric II et la plupart des esprits cultivés du moyen âge, le siège de l'Empire est Rome, *Roma caput mundi*, et le champ naturel de son influence est le bassin de la Méditerranée ; il est de ceux qui, avec Dante, tiennent l'Italie pour le jardin de l'Empire et regardent la ville éternelle comme l'épouse de César. Avant même le choix dont il

---

[1] Barthelemy, *op. cit.*, n. 428. Le registre 1068 de la Chambre des Comptes (Archives départementales des Bouches-du-Rhône), f° 30 et non f° 3, contient un document intitulé : « Privilegium domini Imperatoris concessum domino Barallo.» Mais c'est le privilège accordé par Fréderic II en 1228 à Hugues de Baux (Barthlemy, n. 225). Le copiste du registre 1068, qui écrivait en 1265, croyant que le privilège émanait de Richard a substitué, en transcrivant le nom du roi des Romains, la lettre R à la lettre F. Je dois ces renseignements à l'obligeance de M. Blancard, archiviste des Bouches-du-Rhône.

[2] Cette tendance a été signalée souvent par les historiens : voyez Busson, *die Doppelwahl des Jahres 1257*, p. 20. — Ficker, *Erörterungen zur Reichsgeschichte des dreizehnten Jahrhunderts.* dans les *Mittheilungen des Instituts für Œsterreichische Geschichtsforschung*, IVe volume, 1re livraison, 1883, pp. 25 et ss.

fut l'objet de la part de quelques-uns des électeurs, Alfonse avait
noué des relations diplomatiques avec Pise, la cité gibeline,
alors serrée de près par ses ennemis,les Guelfes de Toscane.Pour
poursuivre ces pourparlers le syndic de Pise, Bandino Lancea,
se rendit en Castille auprès d'Alfonse : il en rapporta un traité
d'alliance offensive et défensive entre la ville et le roi. En
échange des privilèges qu'il leur conférait et des secours qu'il
leur promettait, Alfonse était reconnu par les Pisans comme le
futur Empereur ; lui seul, déclarait le syndic, pourrait, comme
César et Constantin,réunir en un corps unique les tronçons épars
de l'Empire ; aussi au nom de ses concitoyens l'avait-il choisi
pour roi des Romains et Empereur, à la gloire de Dieu et au
grand profit de la Sainte Église, du Pape et du monde entier [1].

Une clause de cet étrange traité obligeait Alfonse à procurer à
la ligue l'adhésion de Marseille, avec laquelle il avait évidemment ouvert des négociations. Si Pise était menacée par les Guelfes, Marseille luttait pour sauvegarder son indépendance contre
la puissance croissante de Charles d'Anjou ; non moins que les
Pisans, les Marseillais avaient besoin d'alliés et de protecteurs.
Aussi se décidèrent-ils à entrer dans la ligue formée par Pise et
le roi de Castille; ils y souscrivirent à des conditions analogues à
celles qu'avaient acceptées les Pisans. A Ségovie, où se trouvait
Alfonse, on vit, en septembre 1256, paraître trois ambassadeurs
de Marseille, Pierre Vetuli, le jurisconsulte Albert de Lavanie et
Jean Maître ; ils y déclarèrent solennellement nommer, demander,postuler et élire comme empereur le seigneur roi de Castille [2].
A ce traité Marseille, au moins pour ses affaires continentales,
ne gagna aucun appui sérieux [3] ; elle demeura isolée dans sa
querelle avec Charles d'Anjou, dont cette négociation ne fit
qu'exciter la rancune ; plus tard, au jour de la vengeance, il
n'oublia pas les noms de plusieurs des ambassadeurs, qu'on peut
retrouver dans les listes de proscription de 1263 [4].

Cependant à Francfort, le dimanche des Rameaux 1er avril 1257,
l'archevêque de Trèves, en son nom personnel et pour le compte
des électeurs de Saxe, de Brandebourg et de Bohême, proclamait

[1] Regesta Imperii, n. 5486. Cf. Busson, p. 24.
[2] Regesta Imperii, n. 5488.
[3] A Acre en 1258, les Pisans s'unissent aux Marseillais et aux Vénitiens
contre les Génois. Annales Januenses, Pertz, XVIII, p. 239.
[4] Cf. Blancard, Bibliothèque de l'École des chartes, année 1869.

Alfonse roi des Romains : désormais sa candidature devait
rallier tous ceux qui repoussaient en Richard de Cornouailles
l'influence de la politique anglaise. Aussi un certain nombre de
seigneurs et de villes d'Allemagne ne tardèrent pas à le reconnaître ; il reçut aussi les hommages de quelques seigneurs dont
les domaines séparaient la France de l'Allemagne : on peut citer
parmi ces adhésions, toujours intéressées, parfois achetées, celles
des ducs de Brabant, de Lorraine et de Bourgogne[1], du comte
de Flandre[2], enfin de la ville de Besançon[3] qui d'ailleurs devait
bientôt passer au parti de Richard[4]. En même temps Alfonse
menait activement ses négociations dans le nord de l'Italie[5],
où il pouvait compter sur l'aide du sanguinaire Ezzelino da
Romano, et où il avait chance de recueillir l'adhésion de nombreux gibelins . Dans le royaume d'Arles proprement dit, pour
des raisons que le lecteur connaît, Alfonse ne pouvait se flatter
d'obtenir l'aide du comte de Savoie ni du comte de Provence.
Les seigneurs de moindre importance et les prélats demeurèrent
indifférents : seul Albert de la Tour, le même qui jadis avait
recherché les bonnes grâces de Fréderic II, se tourna du côté
du roi de Castille. Albert était le chef d'une famille destinée à
faire quelque bruit au siècle suivant : en effet, son fils Humbert
devait être la tige de la dernière race des souverains indépendants
du Dauphiné ; Alfonse le récompensa de son hommage en le
nommant sénéchal du royaume d'Arles[6]. Deux ans plus tard, au
moment où il méditait une expédition en Allemagne, c'est encore
à Albert de la Tour qu'il s'adressait pour lui annoncer son prochain voyage et lui demander de l'accompagner et de lui gagner
des partisans[7]. On sait que le roi de Castille, après l'avoir

---

[1] Perard, *Pièces curieuses servant à l'histoire de Bourgogne*, p. 491 ;
Regesta Imperii, n. 5496 et ss.

[2] Warnkönig, *Histoire de Flandre*, III, p. 213.

[3] *Regesta Imperii*, n. 5507.

[4] Acte de Richard, Londres, 19 mai 1260. — Winkelmann, *Acta Imperii
inedita*, I, n. 569.

[5] On sait d'ailleurs qu'Alfonse n'avait pas pris entre les deux partis italiens une attitude tellement tranchée qu'il ne pût être courtisé par l'un et
l'autre : aussi en 1260, les guelfes de Florence recherchant son appui, lui
envoient Brunetto Latini. Voir le *Tesoretto* de Brunetto Latini (in-4°, Rome
1642), p. 13 ; Jean Villani, livre VI, c. 74. — Cf. *Rolandi Patavini Chro-
nicon*, dans Pertz, XIX ; *Annales Sanctæ Justinæ*, ibid., p. 172.

[6] Burgos, septembre 1257. *Regesta Imperii*, n. 5489.

[7] Tolède, juin 1259. *Regesta Imperii*, n. 5503. — Valbonnais, *Histoire du
Dauphiné*, I, 194.

annoncé à maintes reprises, ne put réaliser ce projet, dont l'exécution eût peut-être changé les destinées de l'Empire.

V

En somme, ni Alfonse de Castille, ni Richard de Cornouailles n'exercèrent dans le royaume d'Arles une autorité efficace. En revanche, l'influence française et angevine s'y était de plus en plus affermie. Le moment est venu de signaler les faits qui attestent les progrès des représentants de la dynastie Capétienne dans les régions du sud-est de la France. Un coup d'œil jeté sur les événements de ce temps montrera facilement que si les questions importantes se traitent maintenant sans le concours des prétendants à l'Empire, elles ne sauraient se résoudre contrairement aux vues et aux intérêts de la maison de France.

On sait que pendant les dernières années du règne de Frédéric II, Arles, Avignon et Marseille, soutenues par le turbulent Barral de Baux, avaient formé contre Charles d'Anjou et le clergé une coalition fomentée et entretenue par les émissaires de l'Empereur. Quand, en 1249, on vit pâlir l'étoile du souverain qui avait si longtemps tenu la papauté en échec, chacun comprit que le moment était venu de se réconcilier avec le pouvoir nouveau. Barral fut le premier à négocier avec la reine Blanche à laquelle il promit de travailler à la pacification de la Provence [1]. En effet, en 1251, la ville d'Arles se soumettait à Charles d'Anjou, et bientôt Barral imitait cet exemple ; de même Avignon, en cette année, reconnaissait la souveraineté indivise des deux princes français, le comte de Provence et le comte de Toulouse [2], qui avaient supplanté les dynasties méridionales. Marseille lutta plus longtemps ; ce ne fut qu'en 1252 que la grande ville consentit à se placer sous l'autorité du comte, à la condition de conserver ses franchises municipales [3]. Cette soumission n'était qu'apparente : les Marseillais gardaient au fond du cœur, avec la haine de leur nouveau maître, les souvenirs de leur ancienne indépendance. « Le vieil esprit républicain, écrit M. Blancard,

[1] 1er mars 1250. Teulet, III, p. 96, n. 3854.
[2] 7 mai 1251. Teulet, III, p. 127, n. 3937. Cf. n. 3938.
[3] Consulter sur ce point Blancard, *Documents inédits sur l'histoire politique de Marseille*, dans *Bibliothèque de l'Ecole des chartes*, 1860, pp. 516 et ss.

n'était point mort sous les coups répétés de la mauvaise fortune.» Trop faibles pour s'affranchir par leurs propres forces, ils cherchent un protecteur à l'étranger : trente ans auparavant, pour résister aux envahissements de Raymond Bérenger, ils s'étaient donnés à Raymond de Toulouse ; maintenant, on l'a vu plus haut, ils s'adressent à Alfonse de Castille. Mais tous ces efforts sont vains : ou plutôt ils n'ont d'autre résultat que de permettre à Charles d'Anjou de river les chaînes de Marseille ; sous le nom de Chapitres de paix, il impose aux bourgeois une convention bien plus dure que celle de 1252.

En même temps il veut répondre à la démarche agressive d'Alfonse de Castille. On n'avait pas oublié en Provence une charte, par laquelle, en 1215, l'empereur Frédéric II avait confié le royaume d'Arles et de Vienne à Guillaume de Baux, prince d'Orange. Trois ans plus tard Guillaume tombait victime des hérétiques albigeois, sans avoir porté son titre royal ; mais la charte de Frédéric n'avait jamais été revoquée. Charles d'Anjou y vit un moyen commode d'exploiter à son profit les droits de l'Empire en Provence : il décida sans grand' peine Raymond de Baux, héritier de Guillaume. à lui céder les titres conférés jadis à son père sur la couronne d'Arles. Tel fut l'objet d'un acte passé le 23 août 1257 [1]. Reconnu par les Baux comme le légitime possesseur des prétentions de leur race à la royauté, Charles les indemnisa de leurs hommages en confirmant leurs droits et privilèges dans leurs domaines, et particulièrement à Orange, où ils avaient soutenu de longues luttes contre les chevaliers de Saint-Jean de Jérusalem [2].

Le comte de Provence était trop avisé pour se parer immédiatement du titre de roi, qui eût sans doute porté ombrage à saint Louis ; mais au moins cette transaction lui donnait un titre qu'il espérait sans doute opposer à toutes les entreprises des prétendants à l'Empire ou de leurs délégués. C'est toujours la même politique qui interdisait naguère aux évêques de solliciter des privilèges de Guillaume de Hollande, et qu'offensent maintenant les négociations des Marseillais avec Alfonse. Comme pour compléter son œuvre, et décourager toutes les tentatives de

---

[1] Blancard, *Revue des Sociétés savantes*, 1875. — Cf. l'acte cité par Barthélemy, *Inventaire des chartes de la maison de Baux*, n. 419.

[2] Barthélemy, *op. cit.*, n. 178 et 180.

l'opposition, il frappe du bannissement Pierre Vetuli, l'un des
ambassadeurs envoyés l'année précédente près du roi de
Castille.

Cependant les résistances de Marseille n'étaient point domp-
tées : en 1262 et en 1263 ils renouvellent d'infructueux efforts.
Encore une fois ils mettent leur espoir dans un prince étranger,
Pierre d'Aragon, fils du roi Jacques Ier et cousin de leur dernier
comte Raymond Bérenger : le même qui un jour fera une si rude
guerre à la maison d'Anjou. Grâce à lui ils espèrent retrouver
« l'indépendance, et avec elle l'honneur du pavillon, la prospé-
rité des affaires, la gloire d'un nom connu aux extrémités de
l'Orient, le bonheur de se gouverner eux-mêmes [1]. » On sait la
lamentable issue de ces entreprises : en 1262, les fortifications
de Marseille sont rasées par le comte de Provence victorieux.
Deux ans plus tard, les chefs de la rébellion expient sur
l'échafaud l'insuccès de nouvelles tentatives : au nombre de ces
victimes de la cause de la liberté figurait Albert de Lavanie, le
même qui avait été jadis chargé de représenter Marseille
auprès d'Alfonse. Le comte de Provence a enfin triomphé ;
c'en est fait de la République marseillaise.

Maintenant Charles d'Anjou a affermi son pouvoir dans le
midi de la France : il est tout entier à la réalisation de ses
grands desseins sur Naples et la Sicile. Pour les accomplir il
faut d'immenses ressources d'argent : aussi, comme il s'agit de
l'affaire de l'Église, le clergé dans toute la France accorde au
pape un décime pour trois ans. On ne s'est pas seulement
adressé aux provinces du royaume de France ; le légat a réuni
à Lyon les prélats des provinces du sud-est et en a obtenu la
même faveur [2]. Ainsi, dans tout le royaume d'Arles, le clergé
contribuera, comme l'Église de France, aux frais de l'entreprise
de Charles d'Anjou. N'est-ce pas là un pas en avant, et non des
moins importants, dans la voie qui devait conduire à l'union du
royaume d'Arles et de la France ? Désormais la cour romaine
n'oubliera pas ce précédent ; et en dépit de l'opposition de

---

[1] Blancard, *Bibliothèque de l'École des chartes*, 1860, p. 517.
[2] Avignon, 13 octobre 1264. Winkelmann, *Acta Imperii inedita*, II, n.
1050. Le légat Simon de Brion, cardinal de Sainte-Cécile (le futur pape
Martin IV), a obtenu le décime dans les provinces de Lyon, Vienne, Tarentaise, Arles, Aix et Lyon, sauf dans les diocèses du Venaissin qui ne rele-
vaient pas de sa légation.

l'Empire, elle fera souvent appel au clergé du royaume d'Arles, en même temps qu'au clergé français, pour des affaires qui concerneront autant la politique française que les intérêts généraux de l'Église [1].

Tandis que Charles apparaissait aux populations du Midi comme un maître impérieux et sévère, auquel il ne fallait pas se jouer de résister, saint Louis ne perdait aucune occasion d'y exercer une douce et pacifique influence; au besoin, il s'efforçait de contenir l'insatiable ambition du comte de Provence. Jamais ne se montra plus visiblement l'opposition des caractères du roi et de son frère ; l'un ne cherchant que la paix et la justice, l'autre toujours préoccupé des intérêts de sa puissance ; celui-ci régnant par la crainte, celui-là faisant rechercher et accepter ses décisions par le prestige de sa sainteté ; tous deux contribuant ainsi par des moyens différents à la grandeur et à la gloire de leur maison. Même dans sa famille, Charles d'Anjou avait rencontré de graves difficultés ; longtemps il eut à lutter contre sa belle-mère, Béatrice de Savoie, veuve de Raymond Bérenger, qui l'accusait d'avoir lésé ses droits lors du règlement de la succession de Provence. Saint Louis, gendre de Béatrice et frère de Charles, était tout naturellement désigné pour concilier ce différend : de concert avec les légats du pape Alexandre IV, il y travailla activement et réussit à y mettre fin par une sentence arbitrale que lui-même et les légats rendirent à la fin de l'année 1256. La sentence, qui fut ratifiée par Henri III, autre gendre de Béatrice, déterminait l'étendue des droits qui devaient être attribués à titre de douaire à la veuve de Raymond Bérenger [2].

Ce document contient une allusion à une autre querelle qui, sans la sage intervention du pape et du roi de France, n'eût pas manqué, vers cette époque, de mettre en feu la Provence et le Dauphiné. Presque depuis le commencement du siècle les dauphins de Viennois prétendaient avoir acquis le Gapençais des comtes de Forcalquier [3]. On sait que depuis lors, le comté de

---

[1] Voir plus bas, p. 52.

[2] Teulet, III, p. 339, n. 4300. Archives des Bouches-du-Rhône, B. 354 et 355. Voir le tome I de l'Inventaire des Archives de la Chambre des Comptes. La sentence est du 6 novembre 1256. L'année suivante, Henri III roi d'Angleterre, pour le compte de sa femme Éléonore, approuva ces arrangements Rymer, *Fœdera*, I, II, 23 (édition de 1739).

[3] Cf. sur ce point Valbonnais, *Histoire du Dauphiné*, passim.

Forcalquier ayant été uni à celui de Provence, Charles d'Anjou se trouvait être le représentant des anciens seigneurs du Gapençais ; à ce titre il contestait la prétention du dauphin Guigues VII. A la fin de l'année 1256, le conflit en était arrivé à une période aiguë ; Charles d'Anjou menaçait, pour se faire jus-tice, d'attaquer les domaines du Dauphin. Il fallut tout le poids de l'autorité du pape et du roi pour l'arrêter : Alexandre IV alla même jusqu'à ordonner aux archevêques d'Embrun, de Vienne et d'Aix, et aux évêques de Grenoble et de Gap, de prêter assis-tance à Guigues contre toute agression [1]. Enfin les deux parties consentirent à accepter un compromis : l'affaire fut remise à la décision de Barral de Baux, arbitre choisi par le comte de Pro-vence, et de Jean de Bernin, archevêque de Vienne, personnage universellement respecté, sur lequel avait porté le choix du Dauphin. En juillet 1257 les arbitres rendirent leur jugement qui maintenait le Gapençais au Dauphin à charge d'en faire hommage au comte de Provence [2].

Ce ne furent pas les seules occasions où saint Louis agit comme médiateur dans les querelles qui divisaient les seigneurs du royaume d'Arles. En 1268, le dauphin Guigues VII et le comte Philippe de Savoie se faisaient une guerre motivée, entre autres causes, par des discussions sur le Faucigny, que Béatrice de Thoire, alliée du comte de Savoie, réclamait à la Dauphine, petite-fille par sa mère d'Aymon de Faucigny [3]. Ici encore l'in-tervention de saint Louis fut acceptée, sinon demandée ; au commencement de 126), des négociations se poursuivaient à Sciez par les soins de deux arbitres, l'un Pierre de Baugé, clerc du roi et de la reine de France et délégué de saint Louis, l'autre, Aymon, évêque de Genève [4]. Vers la même époque, un conflit s'étant élevé entre les bourgeois de Lyon et le chapitre, c'est encore le pape et le roi de France que les deux parties chargent de terminer le différend [5].

Si Louis IX est partout considéré comme le type parfait de

---

[1] Archives des Bouches-du-Rhône, B. 354.
[2] Valbonnais, *Histoire du Dauphiné ;* I, p. 205, *et passim.*
[3] Wurstemberger, *Peter der Zweite, graf von Savoyen,* III, pp. 264 et ss.
[4] Acte du 21 janvier 1269. Wurstemberger, IV (*Urkunden*), n. 780.
[5] Menestrier, *Histoire consulaire de Lyon* (Lyon 1696, in-4o), p. 378. — Hüffer, *die Stadt Lyon*, p. 97. — Cf. Guigues, *cartulaire municipal de Lyon.*

la justice, si partout on vante son amour de la paix, c'est qu'il ne se borne pas à montrer ces vertus lorsqu'il s'occupe des affaires d'autrui : lui-même les met en pratique pour le gouvernement de ses propres affaires. La petite ville de Viviers, sise sur les bords du Rhône, au pied des montagnes du Vivarais, relevait officiellement de l'Empire ; mais, sans respect pour les anciens diplômes, les fonctionnaires de l'administration royale la traitaient volontiers comme si elle eût été française. « Quoique, suivant leurs prétentions, ils ne soient soumis qu'à l'Empire, écrit Clément IV à Louis IX (9 novembre 1265), les habitants de Viviers et du diocèse sont cités par vos officiers ... S'ils se refusent à comparaître devant eux, ils sont frappés d'amendes et leurs biens sont saisis ; on prononce des sentences contre eux en matière civile et criminelle. » Or Clément IV, en sa qualité d'ancien enquêteur de saint Louis, connaît bien l'état du royaume ; il est allé jadis à Viviers, et il a examiné les privilèges contenus dans les archives de l'évêque et du chapitre : tous émanent des empereurs ; on n'en trouve pas un qui vienne du roi de France Bien plus, il y a vu les étendards impériaux dont les évêques de Viviers se sont servis jadis. — Les représentations du pape furent entendues, et, au moins pendant les dernières années du règne de saint Louis, les officiers royaux s'abstinrent de leurs entreprises [1].

Cet incident permet de juger du discrédit dans lequel est tombé le pouvoir impérial. Aucun des prétendants à l'Empire n'a souci de protester contre les agissements de l'administration française : il faut qu'un pape, lui-même ancien membre de cette administration, prenne la défense de l'Église de Viviers contre ses collègues d'autrefois. Si l'Empire oublie le royaume d'Arles, il faut avouer que le royaume d'Arles le lui rend bien ; de plus en plus on sent que ces régions ont cessé d'appartenir à l'Empire et qu'elles ont passé sous l'influence dominante des Capétiens. Les agents du roi poursuivent, par la force des choses, leur œuvre d'annexion, dans laquelle ils sont dirigés moins par les instructions de saint Louis que par les traditions déjà invétérées dans l'administration. C'est d'ailleurs un trait caractéristique de la politique de saint Louis qu'en géné-

---

[1] *Gallia Christiana*, XVI, col. 253 et 254.

ral il a plutôt à contenir qu'à exciter le zèle de ses baillis et de ses
sénéchaux. Se sachant au service d'un pouvoir vigoureux auquel
appartient l'avenir, les fonctionnaires prétendent atteindre du
premier coup le but qui ne saurait être que la récompense de
longs efforts : il faut que le roi les retienne. Sa politique modé-
rée fut à coup sûr la plus honnête et probablement la plus habile;
un roi violent et sans scrupule eût certainement tenté davantage;
à coup sûr il n'eût pas mieux réussi.

VI

Après la mort de saint Louis, ce n'est point son successeur
qui tient la première place dans la politique européenne ; la
personnalité de Philippe le Hardi n'a point laissé une trace
profonde dans la mémoire des contemporains. Son oncle Charles
d'Anjou a bien plus que lui hérité des traditions de la race ; en
lui s'incarne l'ambition des Capétiens ; mais c'est une ambition
ardente, qui semble répudier la mesure et la prudence de ses
ancêtres. En tous cas, elle ne connaît aucune limite ; à la couronne de Sicile, Charles joint la charge de sénateur de Rome ; il
est en Toscane le vicaire de l'Empire vacant. L'Occident ne lui
suffit pas ; il élève des prétentions au trône de Jérusalem, et
l'alliance de sa fille avec l'héritier des empereurs latins de Con-
stantinople lui permet d'espérer qu'un jour, sur le trône de
Byzance, ses descendants rétabliront la monarchie universelle de
César et d'Auguste. Tels sont les rêves qui absorbent ce prince,
dont l'extérieur dévoile les dispositions intimes : sa haute
taille, ses traits fortement accusés, son air toujours grave con-
viennent bien à son esprit, uniquement préoccupé des entreprises
qui doivent accroître son pouvoir et assurer sa suprématie. En
attendant, il enserre de tous côtés l'Église romaine dont il a
juré d'être l'humble vassal et le fidèle défenseur . C'est un
ami dangereux, dont la protection se changerait bientôt en
tyrannie; il s'essaie déjà à cette main mise sur la papauté que
tenteront de réaliser les rois de France au XIVᵉ siècle. L'influence

1 Heller, *Deutschland und Frankreich vom Ende des Interregnums bis
zum Tode Rudolfs von Habsburg*, (Göttingen, 1874, in-8o), p. 14 et s.

de Charles d'Anjou sur la politique française avait été médiocre
au temps de saint Louis ; elle devait s'exercer plus librement
sous Philippe le Hardi, quoiqu'elle ait eu à lutter contre l'influence rivale de la reine mère, Marguerite de Provence, et du
parti anglais.

En vue d'entreprises dans le sud-est de la France, la position
du roi de France était encore consolidée par la riche succession
qu'il venait de recueillir. On sait, en effet, qu'en vertu du traité
de 1229, l'héritage d'Alfonse de Poitiers, mort à la croisade de
Tunis, appartenait à la couronne : c'est donc tout le Languedoc
qui se trouvait placé sous le sceptre de Philippe le Hardi. Maître
de ces régions, le roi devait naturellement chercher à acquérir
les contrées qui séparaient son royaume des provinces nouvelle-
ment acquises. Lyon et le Vivarais étaient le but qui s'imposait
à ses efforts : on va voir qu'il ne tarda pas à s'en préoccuper.

Quand au printemps de 1271, le nouveau roi passa à Lyon,
ramenant avec lui les précieux restes de son père mort à la croisade, les bourgeois, toujours en lutte avec le chapitre primatial,
se déclarèrent ouvertement soumis à la juridiction du roi de
France (*de ressorto domini nostri regis Francie*), et le sollicitè-
rent de les prendre sous sa garde spéciale. Philippe accueillit
cette demande par un acte du 1er mai 1271 ; en échange de sa
protection et de sa suzeraineté, les Lyonnais s'obligèrent à lui
payer annuellement un impôt qui, levé par eux, devait être
versé entre les mains du bailli de Macon [1]. En vain les partisans
du chapitre protestèrent ; l'amende qu'un arrêt du Parlement
infligea, le 8 novembre 1271, à ceux d'entre eux qui avaient osé
maltraiter les sergents royaux, apprit à tous combien il en coûte-
rait d'insulter le pouvoir nouveau [2]. Philippe ne poussa pas jusqu'au bout ces premiers avantages : quand, en 1272, après une
longue vacance, l'Église de Lyon reçut un pasteur nouveau, le
dominicain Pierre de Tarentaise, il paraît bien que l'avènement
de l'archevêque amena une certaine détente dans la situation.
Mais un résultat important était acquis ; pour la première fois la
royauté française avait pris en main la cause des bourgeois de
Lyon : Philippe le Hardi, en faisant cette démarche devant

---

[1] *Ordonnances*, XI, p. 348. — Bonnassieux, *de la Réunion de Lyon à la
France* (Paris, 1875, in-8º), p. 58 et s.

[2] Boutaric, *Actes du Parlement*, I, p. 162, n. 1747.

laquelle son père avait toujours reculé, avait jeté la semence de
la moisson que devait recueillir Philippe le Bel.

En même temps, du côté du Vivarais, les officiers royaux
reprenaient les entreprises dont, bien malgré eux, ils avaient
dû s'abstenir pendant les dernières années du règne de Louis IX :
à Viviers, comme à Lyon, on sait que le saint roi n'est plus là
pour retenir ses fonctionnaires et ses partisans, et que désormais
les excès de zèle seront permis, sinon encouragés, quand ils
auront pour résultat l'agrandissement du royaume. Poussé sans
doute par le clergé de Viviers [1], Grégoire X renouvela en 1272 les
protestations de Clément IV ; la suite de cette histoire montrera
que les agissements de Philippe le Hardi ne furent pas sans soule-
ver quelques réclamations de la part de Rodolphe de Habsbourg.

VII

Saint Louis se préoccupait surtout d'assurer son influence
morale dans le Midi : Philippe le Hardi recherchait les avantages
substantiels qu'il croyait trouver dans la politique d'empiétements
progressifs mise en pratique par ses officiers. Cette politique, qui
s'avance lentement, mais sûrement, ne suffit pas encore à l'ardente ambition de Charles d'Anjou. Ce prince énergique et violent, ennemi juré des Staufen et des Gibelins, conçut alors un
projet grandiose, qui, s'il eût été mis à exécution, eût tranché
d'un seul coup la question du royaume d'Arles. Pendant que le
dernier descendant de Frédéric II, Enzius, lègue son vain
titre de roi d'Arles aux représentants de la maison de
Souabe, Alfonse de Castille et Fréderic III de Thuringe [2], voici
que le comte de Provence pense à faire élire son neveu
Philippe le Hardi roi des Romains, et à confisquer ainsi l'Empire
au profit de la France et du parti Guelfe. Cet épisode, à vrai
dire, ne se rattache pas directement à notre sujet ; mais il
touche de trop près les relations de l'Empire et de la France à
cette époque pour qu'il nous soit permis de le passer sous
silence.

[1] *Gallia Christiana*, XVI, col. 254.
[2] 6 mai 1272, *Regesta Imperii* (Böhmer-Ficker), p. 1035.

Le moment était propice pour une semblable entreprise. Sans doute Richard de Cornouailles était mort au commencement de l'année 1272 , mais la disparition de ce prétendant n'avait guère profité à la cause d'Alfonse de Castille. Ce prince avait bien pu réussir à rallier, autour du marquis Guillaume de Montferrat, tous les Gibelins et tous les ennemis de Charles d'Anjou dans le nord de l'Italie, et parmi eux le jeune Thomas, fils du comte Thomas II de Savoie[1],toujours jaloux de l'influence que le roi de Sicile exerçait alors à Turin et en Piémont ; mais Alfonse ne trouvait guère d'appuis en Allemagne : en Italie, tout ce que suivait Charles d'Anjou lui était décidément hostile. Le nouveau pape, Grégoire X, n'était nullement enclin à se faire le champion d'Alfonse ; il n'avait d'autre rêve que d'apaiser les dissensions de la chrétienté pour la lancer toute entière sur l'Islam ; aussi voulait-il un Empereur qui pût se mettre à la tête de l'Europe unie pour la conduire à la croisade : on ne pouvait attendre d'Alfonse qu'il se chargeât d'une semblable mission.En outre, favoriser Alfonse, c'était rompre avec Charles d'Anjou, décision dont la cour pontificale connaissait trop bien les inconvénients pour s'y arrêter. Aussi, par une lettre du 16 septembre 1272, Grégoire X déclina les propositions que le roi de Castille avait cru devoir lui adresser [2].

C'est alors que Charles d'Anjou jugea bon d'intervenir. — Nul plus que lui n'avait intérêt à écarter de l'Empire, non seulement son rival Alfonse, mais encore tout prince allemand qui, après avoir établi son pouvoir dans les pays germaniques, pourrait être tenté de ressaisir la domination en Italie. S'il fallait dans la Péninsule une autre influence que la sienne propre, Charles ne pouvait guère s'accommoder que de celle de son neveu

[1] Consultez sur la politique d'Alfonse en Italie de 1269 à 1272, les *Annales Placentini Ghibellini*, dans Pertz, XVI, pp. 535, 550 et ss. On y verra comment Alfonse appuie tous les ennemis de l'Angevin : comment il donne en mariage une de ses filles au marquis de Montferrat, l'autre au jeune Thomas de Savoie, *inimico domini Caroli propter civitatem Taurini quam sibi occupavit*. Ces intrigues politiques devaient se poursuivre pendant plusieurs années et créer de graves embarras à Charles d'Anjou.

[2] Raynaldi, *Annales Ecclesiastici*, 1272, § 43. Cf. Theiner, *Codex diplomaticus dominii temporalis*, I, 175. Sur les dispositions du Saint Siège à l'égard d'Alfonse de Castille et de Charles d'Anjou, voir Heller, *op. cit.*, p. 25 et Brisson, *die Doppelwahl*, p. 97.

Philippe le Hardi. Aussi c'est lui qui, pour atteindre ce but, provoque en 1273 la négociation dont deux documents nous ont conservé les traits principaux[1]. Un mémoire, remis vers cette époque au roi de France de la part de Charles, montre clairement l'initiative prise par le roi de Sicile dans toute cette affaire et l'insistance avec laquelle il essaie de vaincre les scrupules et les résistances de son neveu.

Charles pose d'abord un principe incontestable pour la conscience la plus timorée : les rois et les princes sont tenus de se consacrer au service de Dieu, et ce n'est point en vue d'une vaine gloire ni d'une puissance éphémère qu'ils doivent aspirer aux honneurs de ce monde. Sur ce point, ajoute le mémoire, le roi de France n'a qu'à se souvenir de ses prédécesseurs : de son père, qui passa deux fois la mer pour combatre les infidèles ; de son grand-père Louis VIII, qui mourut à la croisade des Albigeois ; de son aïeul Philippe-Auguste, qui combattit en Terre-Sainte à côté du roi Richard (peut-être cette allusion au roi Richard est-elle une flatterie secrète au parti anglais qui, à la cour de France, disputait l'influence au parti angevin). Or, poursuit le rédacteur dont nous analysons l'œuvre, ne point dégénérer est pour le fils le devoir le plus sacré ; « ainsi comme ses pères avoit mieus valus que li siens, devoit il mieus valoir de son père. » Le roi de France y est tenu d'autant plus étroitement qu'il est jeune, vigoureux, « plus riches, larges, débonnaires, droituriers et courageus... que n'estoit li Rois ses père de son âge. » Remarquez qu'il y a plus d'une manière de servir Dieu : l'auteur du mémoire trouve qu'un roi doit laisser aux moines la haire, la discipline et les jeûnes : trace évidente du dédain qu'éprouvait Charles d'Anjou pour la vie pieuse et mortifiée de son frère. Sur ce point Philippe le Hardi se conformait fidèlement à l'exemple du saint roi ; nous savons par Guillaume de Nangis que « il menoit miex vie de moyne que de chevalier[2]. »

---

[1] *Documents historiques*, I, p. 652, dans la collection des *Documents inédits* publiée par le Ministère de l'Instruction publique. La publication a été faite par M. Champollion-Figeac. Ces documents comprennent : d'abord la relation des ambassadeurs du roi de France, puis un mémoire adressé au même prince pour l'engager à se faire élire empereur. Ils ont été étudiés par Heller, *op. cit.*

[2] Bouquet, XX, 491.

Il ne faudrait pas que Philippe s'avisât de suivre aussi le modèle de politique réservée et scrupuleuse que lui a laissé saint Louis ; Charles se soucie peu de rencontrer dans le fils les mêmes résistances prudentes qui l'ont si souvent retenu du vivant du père.

Pour servir Dieu, continue le mémoire, la meilleure voie que puisse choisir le roi de France est celle de prendre l'Empire. En effet, si puissant qu'il soit, le royaume de France ne peut envoyer contre le Soudan que des forces limitées. Mais s'il était empereur, le roi « porrait coeillir chevalerie de par tout le monde. » Même les chevaliers de son ancien domaine s'engageront à le suivre à de meilleures conditions une fois qu'il sera l'unique souverain de la chrétienté ; « quar la sorris est tot prinse qui ne seit que un pertois. » En tout cas, seul chef de l'Europe, il aura l'autorité suffisante pour étouffer les dissensions si fatales aux précédentes expéditions en Orient. Ces raisons données par Charles d'Anjou à son neveu, avaient sans doute été mises en avant pour flatter les projets de croisade universelle nourris par le pape Grégoire X.

En vain, poursuit le mémoire, allègue-t-on les difficultés que Philippe rencontrerait s'il cherchait à se faire élire empereur. Le rédacteur passe en revue les forces du roi de France et de ses alliés ; il ajoute que peut-être il faudrait se concilier quelques Allemands, mais le roi a de quoi les acheter. On le voit, Charles connaissait bien le mobile qui devait plus tard jouer un si grand rôle dans les élections à l'Empire.

Telles étaient les raisons que le roi de Sicile dut sans doute soumettre plus d'une fois à son neveu avant de le décider à se prêter à ses projets. Au moins réussit-il à obtenir de Philippe l'envoi de deux ambassadeurs chargés de sonder les intentions du Saint-Siège et de pressentir l'accueil que la cour de Rome réservait à la candidature française. C'est à Florence, où les affaires politiques italiennes avaient appelé en même temps le pape et Charles d'Anjou [1], que les envoyés français purent s'acquitter de

---

[1] La cour pontificale était à Florence dès le 20 juin 1273 ; la négociation ci-dessus rapportée dut avoir lieu dans les derniers jours de juin. — Cf. Vilani, VII, 42 ; *Annales Placentini Gibellini*, dans Pertz, XVIII, 558, et Potthast, *Regesta Pontificum Romanorum*.

leur mission : ils trouvèrent le pape absorbé par la réalisation de ses projets de conciliation et très occupé d'établir entre Guelfes et Gibelins une paix éphémère, au risque d'exciter la rancune des vieux Guelfes et de Charles d'Anjou. D'abord, ils s'entretinrent avec les cardinaux Ottoboni et Simon de Brion, chefs dans le Sacré-Collège de la faction angevine et tous deux réservés à de hautes destinées. Ils lui exposèrent que leur maître, uniquement touché des intérêts de la religion, les avait envoyés « vers l'Apôtre, pour avoir conseil de l'Église, que l'Église li consileroit de ceste chose de penre l'Empire s'il i estoit apelé. » Au cas où le pape favoriserait la candidature du roi de France, les envoyés devraient s'informer des ressources que l'Église pourrait lui procurer pour la réalisation de ses desseins. Il y avait là deux questions bien distinctes : une question de principe, et une question de voies et moyens. Évidemment bien instruits des dispositions du pape, les cardinaux conseillèrent aux ambassadeurs de ne poser à Grégoire X que la première question.

Les délégués vinrent le lendemain à l'audience du pape et lui présentèrent leur requête. Grégoire X leur répondit par de grands compliments ; nul plus que lui ne se réjouirait de l'élection du roi de France ; « car, disent les ambassadeurs en leur rapport au roi, vos estiez li princes de quoi il vouroit plus et son prou et s'onnour, et de qui il auroit plus grant joie si Dieu vouloit que la chose avenist. » Mais il se borne à combler ses interlocuteurs de bonnes paroles : quand il convient de conclure, il hésite et évite de se décider, « son conseil rendu sur ce point ne oseroit-il mie tant que il i eut pansé, quar il voit mout de raisons de ça et de là. » En outre, il peut être appelé à se prononcer sur la validité de l'élection du roi de Castille ; aussi ne se reconnaît-il point le droit de conseiller à un autre prince de prétendre à la couronne impériale avant que la sentence ait été rendue. Dès que le pape s'est placé sur ce terrain, il est impossible de l'en faire sortir ; il s'obstine à opposer une fin de non recevoir aux demandes du Roi : « tant que il i eut plus pansé, il ne nous poioit autre chose dire. » Une nouvelle entrevue eut lieu à Santa Croce sans amener plus de résultats. Laissant le pape, les ambassadeurs revinrent auprès de Charles d'Anjou, qui, sans se décourager, leur confia le soin d'exhorter

3

son neveu à poursuivre activement le succès de sa candidature [1].

On comprendra facilement l'attitude réservée de Grégoire X.
Les papes avaient, pendant un demi siècle, lutté pour échapper
à l'étreinte des empereurs Souabes ; ce n'était point sur le siège
pontifical que l'on pouvait espérer de rencontrer, en dehors des
partisans du roi de Sicile, un homme politique disposé à remettre aux Capétiens la domination universelle ; l'Église savait déjà
qu'il lui faut parfois redouter ses protecteurs attitrés autant et
plus que ses ennemis déclarés. On peut d'ailleurs se demander
si les princes allemands, accoutumés depuis la chute de Frédéric II à une complète indépendance, se fussent facilement rési-
gnés à se soumettre au souverain le plus puissant de l'Europe.On
peut avec plus de raison encore se demander si Philippe le Hardi
était personnellement animé d'un vif désir de réussir dans son
projet. Les historiens contemporains ne nous apprennent pas
qu'il ait travaillé avec énergie au succès de sa candidature, ni
que l'échec auquel elle aboutit ait refroidi la cordialité de ses
relations avec Grégoire X. Dans toute cette affaire, il paraît
avoir moins exercé son initiative personnelle que subi, non sans
répugnance, l'influence de Charles d'Anjou. Ce qui permet de
le supposer, c'est qu'après son séjour à Florence, le pape n'hésite pas à se diriger par la Lombardie, le Piémont et la Savoie,
vers la ville de Lyon où il doit, l'année suivante, tenir un concile
général : cependant, quoiqu'officiellement Lyon soit encore une
ville d'Empire, le pape ne pourrait songer à y établir sa cour,si
sa conduite récente l'avait brouillé avec le roi de France. D'autre
part, vers l'automne de l'année 1273, à une époque où l'élection
de Rodolphe de Habsbourg était probablement connue en
France [2], Philippe le Hardi, désireux d'exécuter le traité qui en
1229 avait terminé la guerre des Albigeois, remettait entre les
mains des représentants du Saint-Siège le comtat Venaissin,
moins Avignon [3]. S'il faut d'ailleurs admettre que le roi de
France a restitué le Venaissin avant de connaître les événe-

---

[1] Ce fut alors sans doute qu'il leur remit pour le roi le mémoire analysé
plus haut.

[2] Son élection fut proclamée le 1er octobre 1273.

[3] Raynaldi, 1273, § 51. Lettre de remercîments du pape, datée du 21 novembre.

ments d'Allemagne, par conséquent à un moment où il nourrissait encore quelque espoir d'être élu à l'Empire, il semble au moins n'avoir conservé vis-à-vis du pape aucune rancune de son échec, soit que Grégoire X ait su dissimuler son action diplomatique, soit, ce qui est plus probable, que Philippe le Hardi n'ait pas attaché grande importance aux projets suggérés par Charles d'Anjou. En effet, nous savons par Guillaume de Nangis que vers le même temps, le roi de France vint à Lyon et s'y entretint amicalement avec le Pontife de leurs intérêts commns [1]. D'après le chroniqueur, Philippe laissa à Lyon des troupes dont la présence était en apparence justifiée par la nécessité de protéger le Concile, mais qui, en réalité, n'avaient probablement d'autre but que celui d'affirmer l'autorité du roi à Lyon. En même temps le roi confia au pape trois châteaux forts, « qui sont des appartenances de la seigneurie du royaume de France, assis très près de la cité de Lyon. »

Le pape avait, dès l'été de 1273, adressé aux électeurs du Saint Empire l'invitation de désigner un roi des Romains [2]. Prévu ou non l'effet de cette démarche fut rapide : le 29 septembre 1273 fut appelé à l'Empire un seigneur puissant en Alsace, dans la Forêt-Noire et en Helvétie, le comte Rodolphe de Habsbourg, celui-là même dont on connaît les longues querelles avec Philippe de Savoie. Enfin, suivant l'expression du poète, « après une longue et funeste lutte, il est fini, le temps terrible où il n'y avait pas d'Empereur. Maintenant la terre a retrouvé un juge : le règne aveugle du fer a pris fin ; ni le faible ni le pacifique ne craignent de devenir la proie des puissants [3]. »

Malheureusement pour l'Allemagne, il s'en faut de beaucoup que l'élection de Rodolphe ait réalisé cet idéal des poètes de tous les âges. Le temps était loin où l'Empereur était considéré comme le monarque universel ; le nouveau souverain avait à compter avec une opposition redoutable en Allemagne. A l'extérieur, la situation s'était aussi profondément modifiée ; les premiers Capétiens s'étaient affranchis de l'autorité des Empereurs: Philippe-Auguste avait, par son or et sa politique, exercé une

---

[1] Bouquet, XX, 492.
[2] Voir là-dessus Heller, *op. cit.*, pp. 50 et ss.
[3] Schiller, *der Graf von Habsburg.*

grande influence sur les élections à l'Empire, et avait imposé son alliance aux Staufen : Philippe le Hardi avait pu, sans trop de témérité, essayer de porter la main sur la couronne impériale. La royauté française grandit dans la même proportion que l'Empire décroît.

VIII

Maintenant la question de l'Empire est tranchée ; en revanche, puisque la couronne impériale et la couronne de France n'ont pu être réunies sur la même tête, la France et l'Empire vont continuer de se disputer les régions limitrophes du Rhin et des Alpes, et en particulier le royaume d'Arles. Étudions, pour le règne de Rodolphe, les événements relatifs à ce royaume.

S'il semble que Philippe le Hardi n'ait point poussé à fond la campagne qui devait le conduire à la dignité impériale, il n'en est pas moins certain que les relations furent pendant quelque temps assez difficiles entre la France et le nouveau roi des Romains. En 1273, rapporte la chronique de Limoges [1], l'empereur Rodolphe détruisit sur les terres du roi de France un château que l'on disait être un fief impérial ; s'il faut même en croire la rumeur publique, il se fit un grand carnage à cette occasion. La cause de cette querelle était, disait-on, une réponse orgueilleuse adressée par le roi de France à ses ennemis. L'année suivante, c'est Philippe qui fait des préparatifs pour attaquer l'Empire : le pape est obligé d'intervenir pour empêcher les hostilités [2]. Évidemment des difficultés nombreuses relatives aux frontières, par exemple à celle du Vivarais, fournissaient à chaque instant des sujets de querelle entre les deux rois.

Au surplus, la nécessité, dont la voix est toujours plus sûrement entendue que celle de la raison, prépara Rodolphe à se réconcilier avec la France. Son élection n'avait pas médiocrement irrité le roi de Bohême, Ottokar ; entre le roi des Romains et le monarque slave la guerre était imminente. En Allemagne, beaucoup de seigneurs et de villes s'effrayaient de l'activité du nouveau maître dont les revendications menaçaient quiconque

---

[1] Bouquet, XXI, p. 779.
[2] Raynaldi, 1276, § 56 et 61.

avait profité de l'interrègne pour s'agrandir. L'inquiétude n'était pas moindre dans la Bourgogne helvétique ; en particulier le comte Philippe de Savoie, fort peu enclin à reconnaître la souveraineté du rival détesté de sa maison, manifestait vis-à-vis des Habsbourg des dispositions hostiles. Peut-être par son influence, la cour d'Angleterre avec laquelle il ne cessait d'être étroitement lié n'avait pas reconnu Rodolphe et témoignait publiquement de sa sympathie pour la cause d'Alfonse de Castille [1], toujours prétendant à l'Empire, et de plus en plus puissant dans le nord de l'Italie. On voit quels ennemis vont assaillir le pouvoir encore fragile des Habsbourg. Aussi, pour faire tête à tant d'hostilités, Rodolphe juge utile de se rapprocher de la France ; on a même soutenu, non sans vraisemblance, qu'à l'automne de 1275, Rodolphe, après avoir rencontré le pape à Lausanne, s'était abouché avec Philippe le Hardi en un lieu inconnu de la frontière française [2]. En tous cas, l'année suivante, il confie à la protection de Philippe III l'abbaye d'Orval, sise au diocèse de Trèves, en des régions trop éloignées de l'Allemagne, dit-il, pour que l'abbaye puisse être efficacement défendue par l'empereur ; quelques années plus tard, Rodolphe en fera autant pour l'église de Toul ; évidemment ce n'est point la conduite d'un souverain hostile au roi de France [3]. Il n'est pas téméraire de penser que l'influence du pape Grégoire X avait dû contribuer à ce rapprochement.

Dès le mois de septembre 1274, Grégoire avait reconnu la royauté de Rodolphe de Habsbourg. Or, à cette époque, les partisans du roi de Castille étaient plus actifs que jamais dans le nord de l'Italie : en dépit des hésitations d'Alfonse, ils étaient les véritables maîtres du pays, de Gênes à Mantoue [4]. Beaucoup

---

[1] Rymer, *Fœdera*, I, ii, 146. Édouard Ier appelle dédaigneusement Rodolphe de Habsbourg le comte Rodolphe d'Allemagne et réserve à Alfonse le titre de roi des Romains. 5 mai 1275.

[2] Heller, *op. cit.*, Les itinéraires des deux souverains ne sont pas encore assez précis pour qu'il soit possible de trancher cette question. — Cf. Bouquet, tome XXI, *Itinera ac mansiones*.

[3] Pour Orval, acte du 2 février 1276, de Nuremberg, *Regesta Imperii* de Böhmer, n. 232 et 235. Pour Toul, acte du 16 octobre 1281, de Haguenau : *ibid.*, n. 637.

[4] Ficker, *Erorterüngen zur Reichsgeschichte des dreizehnten Iahrhunderts*, dans le recueil cité plus haut, p. 26.

de Gibelins, se livrant aux plus présomptueuses espérances, croyaient au triomphe prochain de leur cause, protégée maintenant par le grand écu de Castille que célébra le Dante. Le succès d'Alfonse et des Gibelins eut singulièrement compromis avec la paix de l'Europe la réalisation des rêves de croisade que le pape ne cessait de nourrir : Grégoire X comprit qu'il fallait obtenir le désistement du roi de Castille, fût-ce au prix de sacrifices imposés à l'Église d'Espagne au profit du roi. Tel est le but qu'il se proposa, pendant l'été de 1275, au cours des négociations que, pendant son séjour à Beaucaire, il poursuivit avec Alfonse [1] ; il fut assez heureux pour l'atteindre et rendre définitivement la paix à l'Empire.

En quittant Beaucaire, Grégoire X remonta le Rhône et s'arrêta d'abord à Valence, puis à Vienne, où il passa la dernière moitié du mois de septembre 1275 ; il y consacra plusieurs prélats et y prononça l'union des Églises de Valence et de Die, mesure commandée par l'état misérable de ces églises, qu'avaient ruinées leurs longues luttes avec les comtes de Valentinois [2]. Le 6 octobre, le pape était à Lausanne, où venait bientôt le rejoindre Rodolphe de Habsbourg, accompagné de sa femme et de ses enfants. Là le roi des Romains s'acquitta par d'importantes concessions de la dette de gratitude qu'il avait contractée envers le pape au jour de son élection : il promit de restituer à l'Église les domaines italiens que l'Empire avait usurpés, de prendre la croix et de se mettre à la tête d'une croisade nouvelle ; enfin il y fut question de la cérémonie du couronnement impérial, à laquelle Grégoire se réservait d'appeler le nouvel élu.

Autour du pape et de l'Empereur se rangèrent les principaux seigneurs ecclésiastiques du royaume d'Arles, parmi lesquels il faut citer les archevêques de Lyon et d'Embrun, les évêques de Genève, de Valence, de Sisteron et de Marseille [3]. On eût pu se croire à la plus brillante époque du règne de Barberousse, tant les prélats avaient montré d'empressement à venir faire leur cour à l'Empereur. Visiblement ils y étaient poussés par le pape, qui n'épargna rien pour affermir le trône encore chancelant des

---

[1] Cf. là-dessus Busson, *die Doppelwahl*, et Ficker, *op. cit.*

[2] Bouquet, XXI, 703. Potthast, *Regesta Pontificum*, n. 21078. *Gallia Christiana*, XVI, Instr., 120.

[3] Böhmer, *Regesta Imperii*, n. 107 ; Raynaldi, 1275, § 38.

Habsbourg; cette manifestation solennelle de l'alliance du Saint-Siège avec Rodolphe devait avoir un grand retentissement dans ces régions de l'Helvétie où le comte de Savoie exerçait une influence hostile au nouveau roi des Romains.

Autrefois de telles assemblées se terminaient par de nombreuses concessions de privilèges ; cette fois, elles furent très rares. L'archevêque Jacques d'Embrun était un partisan dévoué du pape et de l'Empereur : peu de temps après l'entrevue de Lausanne, Rodolphe renouvela ses privilèges et lui reconnut les qualités de chambellan de l'Empereur, de prince du Saint-Empire et de conseiller à la Cour impériale [1]. Deux ans plus tard, Rodolphe, à l'exemple de ses prédécesseurs, prenait l'Église de Vienne sous sa protection [2].

Si le clergé, suivant l'exemple et les conseils du pape, s'est rapproché de Rodolphe, il n'en est point ainsi des seigneurs laïques du royaume d'Arles : seul Humbert, seigneur de la Tour et de Coligny, sénéchal de ce royaume, obtient alors des lettres qui le placent sous la sauvegarde impériale. En les sollicitant, il n'avait fait que se conformer aux traditions de sa famille [3]. D'ailleurs le Dauphin Jean Ier n'est encore qu'un enfant, soumis à la tutelle du duc de Bourgogne ; Charles d'Anjou n'est point homme à faire la cour au roi des Romains, et le comte Philippe de Savoie, qui par son mariage avec la palatine Alis a étendu son influence en Franche-Comté, nourrit à l'égard de Rodolphe des dispositions fort peu sympathiques. On le voit, dans une grande partie du royaume d'Arles le nouveau roi ne rencontre qu'indifférence ou hostilité.

[1] Valbonnais, *Histoire du Dauphiné*, II, 13. (Acte daté de Nuremberg, 31 janvier 1278). *Regesta Imperii*. n. 231. En 1275 l'archevêque d'Embrun avait été chargé de lever des décimes en Allemagne. Raynaldi 1275, § 43.

[2] *Regesta Imperii*, n. 448. — Cf. abbé Ulysse Chevalier, *Tables de la diplomatique de Bourgogne de Rivaz*, pièces annexes, p. 87, et *Inventaire des Archives de Saint-André de Grenoble*, p. 18, ; Winkelmann, *Acta Imperii inedita*. II, 116.

[3] Voyez les documents cités à la note précédente. Par le même acte Rodolphe ordonne *baillivis et advocatis Phiriburci* (de Fribourg) de défendre l'archevêque de Vienne et Humbert de la Tour, sénéchal du royaume d'Arles. Vienne, 4 juin 1278.

IX

C'est un grave problème, souvent discuté par les historiens, que celui de savoir quelle idée Rodolphe se fit de la puissance impériale ? Y vit-il, comme les légistes du moyen âge, le droi à la monarchie universelle, et nourrit-il les chimères ambitieuses dont ses prédécesseurs Souabes n'avaient cessé de chercher la réalisation ? Ou bien, plus modeste et en même temps plus pratique, considéra-t-il l'Empire comme un moyen d'arrondir ses domaines propres, d'affaiblir ses rivaux, et songea-t-il à trouver au profit de sa famille, dans l'établissement d'une royauté héréditaire en Allemagne, la compensation des droits qu'il lui fallait abandonner sur les terres de France et d'Italie ? Ou bien encore, ce qui est plus probable, sans avoir adopté une ligne de conduite déterminée, a-t-il, selon les circonstances, poursuivi l'un ou l'autre dessein, passant de l'un à l'autre suivant les circonstances, et s'efforçant de tirer le meilleur parti possible de la situation difficile qui s'offrait à lui après l'anarchie de l'interrègne ? Ce n'est pas ici le lieu de répondre à ces questions : ce qu'on peut dire en toute sûreté, c'est que pour beaucoup de contemporains de Rodolphe, c'en était fait de l'Empire en tant que monarchie universelle et élective : il était définitivement tombé avec Frédéric II, que l'on regardait volontiers comme un suppôt de Satan. Vivement frappée de la ruine de la maison de Souabe, excitée par des prophéties qui circulaient couramment et dont Jourdan d'Osnabrück nous a conservé l'écho, l'imagination populaire prévoit des changements radicaux dans la constitution de la république chrétienne [1] : les uns s'attendent à voir surgir de la maison de France un conquérant qui soumettrait l'univers à ses lois ; les autres, comparant les progrès de la royauté française à la décadence de l'Empire, croient que l'avenir appartient aux monarchies nationales et héréditaires. Telle est l'opinion qui se manifeste dans un écrit adressé au concile de Lyon, de 1274, par un écrivain célèbre de ce temps,

---

[1] Voir *Chronica magistri Jordanis qualiter Imperium Romanum translatum fuit in Germaniam*, imprimé à diverses reprises, notamment dans le recueil de *Jurisprudentia, auctoritate et præeminentia imperiali*. Bâle, 1556, p. 340.

Humbert de Romans [1], qui, après avoir été général de l'ordre
des dominicains, vivait retiré à Valence ou à Lyon. Déjà Humbert trace les grandes lignes du projet, que va bientôt s'approprier l'un des plus habiles politiques de cette époque, le pape
Nicolas III [2]. Certainement, lors de l'avènement de ce pape,
circule un plan qui séduit plus d'un esprit et qui provoque plus
d'une ambition : on taillerait dans l'Empire quatre royaumes
héréditaires, Allemagne, Arles, Lombardie, Toscane. Faut-il
ajouter que ces deux derniers royaumes furent, dans la pensée
de Nicolas III, destinés à des membres de sa famille ? La passion
du grand poète florentin n'hésite pas à attribuer au Pape ce motif intéressé ; on se rappelle le passage de l'Enfer où il accable
de la plus éloquente invective la mémoire de Nicolas III.

Un article de ce projet supposait la reconstitution du royaume
d'Arles : Rodolphe de Habsbourg paraît l'avoir accueilli avec
faveur. Il n'avait d'ailleurs qu'à remonter dans l'histoire de la
maison de Souabe pour trouver des projets analogues : déjà
Henri VI et Frédéric II avaient songé à constituer dans ces pays
une royauté vassale de l'Empire. Comme eux Rodolphe trouva
qu'il valait mieux y établir une dynastie amie et fidèle que de les
abandonner à l'anarchie ou à la conquête française. Aussi
voulut-il à deux reprises disposer de la couronne d'Arles, une
première fois en faveur de son fils Hartmann, qui devait épouser
une fille du roi d'Angleterre, Édouard Ier ; une seconde fois en
faveur d'un petit-fils de Charles d'Anjou qu'il maria à l'une de
ses filles. Notre tâche est maintenant de raconter ces tentatives,
demeurées toutes deux infructueuses, parce qu'elles suscitèrent
l'opposition de tous ceux qui étaient intéressés à empêcher l'organisation d'un pouvoir fort dans le sud-est de la France [1].

---

[1] Nous ne le connaissons malheureusement que par un extrait imprimé
dans Raynaldi, 1273, §. 6. « De imperio vero consulit, ut eo vacante vicarius constituatur, vel rex Teutonie deinceps per successionem, non per
electionem fieret, et quod contentus ille Germania sua, Italiam uni vel duobus regibus ex consensu prælatorum et communitatum eligendis permitteret. » On pourra consulter sur ce projet le mémoire de Busson, *die Idee
des Deutschen Erbreichs und die ersten Habsburger*, publié à Vienne, en
1878, dans les mémoires de l'Académie impériale, classe de philosophie et
d'histoire.

[2] Élu le 25 novembre 1277.

[3] Ces tentatives ont été étudiées en Allemagne dans le remarquable
mémoire, déjà cité, d'Heller : *Deutschland und Frankreich in ihren poli-*

X

On a vu plus haut que le roi d'Angleterre, Édouard Ier, avait, au début de son règne, témoigné à Alfonse de Castille une sympathie qui, pour n'être que platonique, n'en devait pas moins causer quelque inquiétude à Rodolphe de Habsbourg. Cependant, entre Plantagenets et Habsbourgs, il n'y avait ni haines profondes, ni querelles invétérées ; aussi de bonne heure les deux dynasties se rapprochèrent : ni l'un ni l'autre des deux souverains n'étaient suffisamment sûrs de leurs relations avec la France pour dédaigner le secours qu'ils pouvaient trouver dans une amitié mutuelle. D'ailleurs, dès 1274, la veuve de saint Louis, Marguerite de Provence, dont on connaît l'attachement profond pour la famille d'Angleterre et qui représentait à la cour de France le parti anglais, n'avait pas hésité à s'adresser à Rodolphe pour lui demander justice contre son beau-frère, Charles d'Anjou. Charles était accusé d'avoir attribué, à lui et à sa femme, la succession de Provence, à laquelle les deux autres filles de Raymond Bérenger, Marguerite de Provence et Éléonore d'Angleterre, prétendaient avoir des droits. Il semble bien, d'après la correspondance de Marguerite, que Rodolphe ait accueilli ses prétentions et lui ait dès lors accordé l'investiture de la Provence [1]; entre elle et le roi des Romains l'entente était alors facile, car ils étaient rapprochés par la crainte de leur adversaire commun, Charles d'Anjou.

Cet accord entre la reine douairière de France et Rodolphe de Habsbourg, joint à l'intervention pacifique du pape Grégoire X, facilita une réconciliation entre l'Empire et l'Angleterre. Les premières propositions durent suivre de peu l'entrevue de Lausanne, entre le pape et le roi des Romains ; bientôt les deux

---

tischen Beziehungen vom Ende des Interregnums bis zum Tode Rudolfs von Habsburg. — On trouvera un résumé de l'histoire de cette période dans Leroux, *Recherches critiques sur les relations politiques de l'Allemagne et de la France de 1292 à 1378*, pp. 50 et ss. (Paris, 1882, in-8° ; *Bibliothèque de l'Ecole des Hautes-Etudes*).

[1] Voir la mention de cet hommage dans deux lettres de Marguerite à Édouard Ier publiées par M. Champollion-Figeac dans le tome I des *Lettres de Rois et Reines* (Documents inédits), pp. 252 et 265.

parties voulurent affermir la paix par le mariage du jeune
Hartmann de Habsbourg avec Jeanne, fille du roi d'Angleterre ;
on espérait alors que Hartmann pourrait être élu roi des Romains
dès que son père ceindrait la couronne impériale.

Malheureusement l'état de l'Allemagne ne se prêtait pas à
cette combinaison ; mais Rodolphe n'abandonna point son projet
d'alliance et poursuivit à Londres de longues négociations que
conduisait avec le prévôt de Verden, l'habile évêque de Bâle,
Henri d'Isny.

En 1278 la négociation semble être arrivée à bonne fin : le
mariage est décidé ; Rodolphe s'est engagé à ne rien négliger
pour procurer à son fils, d'accord avec les princes allemands, le
titre de roi des Romains, et, à défaut de ce titre, celui de roi
d'Arles ; désormais le royaume d'Arles et de Vienne serait tenu
en fief de l'Empire par Hartmann et ses successeurs [1]. Ce plan
comblait les vœux de Rodolphe, qui pourrait ainsi rattacher ces
contrées à sa maison ; il répondait parfaitement aux désirs des
Plantagenets qui cherchaient depuis longtemps à affermir leur
influence dans le sud-est de la France, afin d'y susciter aux rois
Capétiens des ennemis qui les prendraient à revers.

Cependant, au moment où tous les obstacles semblent avoir
disparu, la célébration du mariage souffre des retards en apparence inexplicables. Pourquoi ce recul de la politique allemande ?
Il ne s'explique que par la formation d'un projet qui reposait
sur une combinaison nouvelle des alliances européennes. Pour
assurer le succès de ce projet, il avait fallu renoncer à fonder à
Arles une dynastie anglo-allemande et donner au royaume une
autre destination.

XI

L'alliance des Habsbourgs et des Plantagenets eût évidemment
consolidé la nouvelle dynastie impériale ; mais elle ne tranchait

[1] Rymer, I, II, p. 170. 25 avril 1278. Cf. sur les négociations relatives à ce
mariage, Rymer, I, II, 164, et ss. La négociation durait depuis deux ans ;
les pièces qui la concernent ont été imprimées dans le recueil de Rymer. —
Vers la même époque, le comte Philippe de Savoie prie Edouard Ier de le
réconcilier avec Rodolphe (1278). Rymer, I, II, p. 171.

pas la question italienne, dont une solution rapide importait aux intérêts de la politique pontificale. On a vu plus haut que Nicolas III n'était point l'homme des partisans de Charles d'Anjou : visiblement le but principal de ses efforts était d'assurer l'indépendance de l'Italie : pour l'atteindre il lui fallait d'une part apaiser les luttes intestines qui se terminaient toujours par un appel à l'étranger, et de l'autre arrêter l'influence croissante de Charles dans la péninsule, sans toutefois la remplacer par l'influence impériale tout aussi dangereuse pour la liberté italienne : en d'autres termes, réconcilier pour le présent les Guelfes et les Gibelins, les Impériaux et les Angevins ; dans l'avenir, empêcher les partis de livrer l'Italie au roi de Sicile ou au roi des Romains. Pour cela, quelle forme politique donner à la péninsule ? Peut-être cette confédération d'Etats monarchiques ou républicains bien des fois projetée et que trois siècles plus tard rêvait encore d'établir un autre pape qui lui aussi était un véritable italien, Paul IV. Le point faible de la combinaison, c'est qu'elle se prêtait aux entreprises du népotisme; sur des fondements plus ou moins certains, l'accusation, comme on l'a vu, ne fut pas épargnée à Nicolas III.

En tous cas, dès les premiers jours de son pontificat, c'est-à-dire dès la fin de l'année 1277, le pape a ouvert des négociations avec Rodolphe de Habsbourg ; au printemps, elles aboutissent à des actes solennels où Rodolphe renouvelle les engagements qu'il a pris envers la papauté lors de l'entrevue de Lausanne, et, un mois plus tard, abandonne toutes les prétentions qu'il pourrait élever sur la Romagne [1] à l'encontre des droits du Saint-Siège. Le premier point réglé, Nicolas III se retourne vers Charles d'Anjou et porte un coup sensible à son influence dans l'Italie centrale, en l'amenant à renoncer à la charge de sénateur de Rome et au vicariat de l'Empire en Toscane ; désormais les droits tels quels de la couronne impériale s'y exerceront sans l'intermédiaire de ce dangereux représentant [2]. Ayant écarté le péril allemand et le péril napolitain, ayant confiné Charles dans les Deux-Siciles et restreint le champ où Rodolphe exercerait l'action plus ou moins efficace de l'Empire, le pape pouvait continuer

---

[1] Raynaldi, 1278, § 68. Cf. Theiner, *Codex diplomaticus*, I, n, 382 et ss.
[2] Raynaldi, § 58 ; 1279, § 1 et ss.

l'œuvre de réconciliation des Italiens, et, l'année suivante, envoyer à Florence son neveu, le cardinal Latino, pour y renouveler la paix jadis établie entre les partis par Grégoire X [1].

Toutefois, si habile diplomate qu'il fût, Nicolas III ne se flattait pas d'imposer à Rodolphe de Habsbourg et à Charles d'Anjou des sacrifices purement désintéressés : aussi réservait-il à chacun des compensations. Rodolphe ne pouvait manquer de se féliciter du mouvement de recul auquel avait été contraint Charles d'Anjou en Italie : au moins l'Empire tenterait d'y ressaisir ses droits sans se heurter au pouvoir de l'Angevin ; de plus, quoique il soit difficile de le démontrer positivement, le pape avait fait briller aux yeux de Rodolphe cette couronne impériale qu'il n'avait pas encore reçue, et dont la possession, en lui permettant de faire élire son fils roi des Romains, le mettrait à même de rendre dans une certaine mesure le rang suprême héréditaire dans sa famille [2]. Quant à Charles d'Anjou, pour le récompenser de sa soumission à l'Église, le pape le réconciliait avec Rodolphe de Habsbourg, et lui procurait, à raison même de cette paix, deux avantages d'une inégale importance. Le premier était de lui assurer l'appui de l'Empire dans les affaires de Provence. On sait en effet que les deux reines douairières, filles de Raymond Bérenger, Éléonore d'Angleterre et Marguerite de Provence, n'avaient cessé de quereller Charles d'Anjou sur la succession de leur père ; le lecteur se souvient peut-être que, peu d'années auparavant, le roi des Romains, alors brouillé avec Charles, avait par un acte solennel pris le parti de Marguerite de Provence. Grâce à la combinaison nouvelle, cette situation est maintenant renversée ; au printemps de 1280, Rodolphe, renouvelant un ancien diplôme de Barberousse, investit solennellement Charles d'Anjou des comtés de Provence et de Forcalquier [3]. Ainsi, pour triompher de l'hostilité qu'il avait rencontrée dans la famille, Charles avait dû incliner son

---

[1] Perrens, *Histoire de Florence*, II, pp. 194 et ss. Cf. sur les premiers efforts du Pape pour la pacification. Raynaldi, 1278, § 77.

[2] En ce sens, Heller, *op. cit.*, pp. 73 et ss.

[3] Tout en réservant à Marguerite de Provence un recours à l'Empereur. — Cf. Raynaldi 1280, § 1 et ss ; Bohmer, *Regesta Imperii*, 4° 531, et dans le même ouvrage, *Reichssachen*, n. 137. On trouvera dans cette collection un acte de Charles d'Anjou remerciant le roi des Romains de l'investiture de la Provence.

orgueil devant cette suzeraineté impériale qu'il avait jadis si
dédaigneusement traitée.

Mais les profits qu'il devait recueillir de la combinaison nouvelle ne se bornaient pas à un parchemin plus ou moins respecté : il retira un autre avantage plus important encore.
Le pape avait obligé Charles d'Anjou à abandonner l'Italie centrale ; voici qu'il offre une nouvelle carrière à sa dévorante
ambition. Pour sceller la paix établie entre les deux maisons, il
est convenu que Charles Martel, le petit-fils de Charles d'Anjou,
épousera Clémence, l'une des filles de Rodolphe de Habsbourg,
et que le jeune prince recevra de Rodolphe le royaume d'Arles
et de Vienne, jadis destiné à ce Hartmann, dont le mariage avec
la fille d'Édouard Ier n'avait pas encore été célébré, et qui devait
bientôt trouver la mort dans les flots du Rhin [1].

Sur ces entrefaites, un pape angevin, Martin IV [2], rem-
plaça Nicolas III, et n'eut rien de plus pressé que de rendre à
Charles d'Anjou les fonctions de sénateur de Rome dont son prédécesseur l'avait dépouillé ; atteinte grave aux plans de Nicolas,
mais telle qu'on pouvait l'attendre d'un pontife dévoué à l'influence française et qui ne reculait devant aucune expression
pour exprimer son antipathie pour les Allemands. Cependant
l'exécution du grand dessein se poursuivait : la jeune princesse
Clémence avait été conduite dans le royaume de Naples vers son
fiancé Charles-Martel, et bientôt le roi de Sicile dut se préoccuper
d'assurer, fût-ce par la force des armes, la soumission du royaume
d'Arles et Vienne au nouveau souverain que l'Empire devait lui
donner ; il organise à Tarascon une expédition destinée à remonter le Rhône et à soumettre le pays [3]. Le triomphe de la
maison d'Anjou semble alors complet : la politique de Nicolas III lui avait permis d'assurer sa domination dans le sud-est de

---

[1] Cf. Kopp, III, i, 293 ; et Heller, *op. cit.*, p. 73.

[2] Martin IV avait porté le nom de Simon de Brion ; après avoir rempli
les fonctions de trésorier du chapitre Saint-Martin de Tours, il avait été
chancelier de Louis IX, puis cardinal du titre de Sainte-Cécile.

[3] Le texte classique se trouve dans les Annales brèves de Ptolémée de
Lucques (*Documenti di storia Italiana*, vol. VI, 90. n. 5) : « Eodem anno
1279 Rodulfus filiam tradit in uxorem Karolo Martello filio regis Karoli
junioris, cui, tradunt, assignavit in dotem regnum Viennense super Rho-
danum unde, quando Sicilia rebellavit, factus erat apparatus navium in
Rhodano circa Tarascone quem ego vidi ad invadendum Viennam. » Cf.
Busson, *die Idee des deutchen Erbreichs*, pp. 31 et ss.

la France ; grâce au changement de la politique pontificale qui a été la conséquence de l'électi n de Martin IV, voici que, sans perdre les résultats obtenus pendant le pontificat de Nicolas, les Angevins sont en mesure de reconquérir la suprématie en Italie.

XII

Le bruit d'une prochaine reconstitution du royaume d'Arles au profit de Charles-Martel s'était répandu en Europe. On sollicitait en faveur de ce dessein l'adhésion des princes de l'Empire : l'un d'eux, Jean de Saxe, la donnait pour ce motif qu'on connaissait à peine les limites de ce royaume, et que depuis deux siècles la puissance impériale y était énervée [1]. Toutefois le roi d'Angleterre, Édouard Ier, parait apprendre sans colère l'intention du roi des Romains; sans doute, il avait renoncé à la combinaison qui devait placer sur la tête de sa fille la couronne d'Arles et de Vienne, sans avoir abandonné encore le projet d'un mariage entre sa maison et celle des Habsbourgs.

Mais qui fut mécontent du dessein annoncé? Ce fut d'abord le clergé du royaume d'Arles, déjà inquiet de ce qui avait paru en 1280 de la réconciliation de Charles d'Anjou avec Rodolphe de Habsbourg, et très disposé à craindre les agressions d'un pouvoir local, tel que la royauté de la maison d'Anjou, qui respecterait médiocrement les privilèges et la quasi-indépendance des Églises. Bien plus encore, ce fut Marguerite de Provence, trompée dans son attente à la vue d'un rapprochement entre son adversaire Charles d'Anjou et l'Empire, profondément irritée à la pensée que les Angevins, qui l'avaient spoliée, non seulement seraient affermis dans la possession de la Provence, mais deviendraient les maîtres incontestés de tout le pays qui s'étend du Rhône aux Alpes et du lac Leman à la Méditerranée. Au sur-

---

[1] « Quod cum prout certa relatione cognovimus et veritas attestatur, regnum Viennense, quod et Arelatensis nomine nuncupatur, quod olim ab imperio tenebatur et adhuc teneri debet in feudum, per vacationem diuturnam, immo longissimam ducentorum annorum et amplius sit distractum in tantum quod ipsius regni jurium et liminum memoria vix exstat et ex hoc Romanum imperium utilitatibus debitis et honore congruo defraudetur... » Wittemberg, 15 septembre 1281. — Cf. Ficker, *die Ueberreste der deutschen Reicharchivs zu Pisa*, extrait des comptes rendus de l'Académie impériale de Vienne, classe de philosophie et d'histoire.

plus, les Habsbourgs qui l'abandonnaient pour reconnaître les
prétentions de l'usurpateur Charles, n'étaient-ils point les
ennemis acharnés des princes de Savoie, ses oncles, pour le
service desquels elle s'était toujours employée avec tant de zèle ?
Et le projet dont l'incroyable nouvelle se répandait ne mena-
çait-il point avec le comte de Savoie tous les seigneurs du
royaume d'Arles et des pays limitrophes ? Aussi Marguerite est
maintenant devenue l'ennemie des Habsbourgs autant que des
Angevins : on la voit, en 1281 et 1282, organiser activement la
résistance à leurs projets.

Depuis qu'elle avait prêté hommage au roi d'Allemagne, Marguerite, entraînant après elle sa sœur Éléonore d'Angleterre,
n'avait point cessé de chercher les moyens de recouvrer son
héritage, c'est-à-dire la « quarte partie » de la Provence à
laquelle elle prétendait avoir des droits. Elle s'était adressée,
successivement à son neveu Édouard Ier et à son fils Philippe le
Hardi : Nicolas III était lui-même intervenu comme médiateur
entre elle et Charles d'Anjou. Rien n'en était résulté sinon un
vif mécontentement de Marguerite. La vieille reine impute cet
échec à la mauvaise foi de son adversaire : « mes a esté tosjors
s'antantions et est d'éloigner la besoigne et de mener nos par
paroles [1]. » Enfin, Marguerite avait menacé de recourir aux
armes ; mais Charles d'Anjou avait détourné le coup en se rap-
prochant de la cour de France et en réussissant à faire de son
fils le prince de Salerne le négociateur de la paix entre Philippe
le Hardi et la Castille [2]. Cette manœuvre habile avait relevé à
Paris le crédit des Angevins qui travaillaient avec plus d'ardeur
au grand dessein du royaume d'Arles, laissant Marguerite
s'épuiser en doléances qu'elle était réduite à adresser à son
neveu d'Angleterre.

Là-dessus le projet éclate et Éléonore d'Angleterre, pour son
compte et celui de sa sœur, le signale à Édouard Ier. « Sachiez,
dos fils, que nous avons entendu que uns mariage est en fesant
dar entre le Roi de Cezille et la fille le Roi d'Allemagne, et se

---

[1] *Lettres de Rois et Reines*, I, p. 252. (Lettres de 1280). — Cf. Boutaric,
article cité, dans la *Revue des questions historiques*, III (1867), pp. 446-447.
[2] Voir la lettre citée ci-dessus. Cf. les actes publiés par Rymer, *Fœdera*,
I, II, pp. 186 et ss.

ceste alliance se face nos porrons bien estre destorbées du droit
que nous avons en la quarte partie de Provence [1]. »

Quand il répond à Marguerite, Édouard semble disposé à
appuyer les prétentions des deux reines par des secours en
hommes et en argent : c'est donc la guerre qu'elles et lui vont
engager contre les Angevins [2]. Mais en somme la plus animée à
cette lutte, c'est Marguerite de Provence : Édouard Ier semble
beaucoup moins pressé de rompre avec Charles d'Anjou [3].
Peut-être pour donner une sorte de satisfaction à sa tante,
il ordonne à Jean de Grailly, son sénéchal de Gascogne, de
se rendre auprès de Marguerite ; la reine le retient auprès d'elle,
heureuse de trouver en pareille besogne l'assistance d'un homme
« d'une bravoure et d'une prudence consommées [4]. » Cependant le
roi d'Angleterre s'est engagé avec répugnance à soutenir la
cause de sa tante : il n'a pas renoncé à son ancien projet, si
contraire à la politique actuelle de Marguerite, celui d'unir
par un mariage sa maison à celle des Habsbourgs, maintenant
alliés de Charles d'Anjou. L'idée de cette alliance indigne Marguerite : elle croit nécessaire d'écrire encore à son neveu, pour
le détourner de cette défaillance, et lui rappeler que ce même
Rodolphe de Habsbourg dont Édouard veut faire son allié, est
l'ennemi juré du vieux comte Philippe de Savoie, grand oncle du
roi d'Angleterre et oncle des deux reines Marguerite et Éléonore.
« Li rois d'Alemaigne s'efforce mout de grever le conte de
Savoie, nostre oncle, comme cil qui fet arder sa terre et prendre
ses homes. Si vos prions que vos voeilliés trevallier c'une pais
ou bonne triève fust entre aus, et que vos délaissés, se il vos
plais, que li mariages du fil du roi d'Allemagne et de vostre fille
ne se accomplist jusque à tant que pais fust fête ou triève prise
entre aus [5]. » Malgré les efforts de Marguerite et du roi d'Angleterre, la paix n'était pas encore près de se faire entre la Savoie
et les Habsbourgs.

[1] *Lettres de Rois et Reines*, I, p. 245. L'éditeur date cette lettre de 1279 ;
je crois qu'elle n'a pu être écrite avant 1280.
[2] Septembre 1280, Rymer, I, II. p. 189.
[3] Rymer, I, II, p. 196.
[4] *Lettres de Rois et Reines*, I, p. 282. Cf. Boutaric, article cité, p. 449.
[5] Champollion-Figeac, *Lettres de Rois et Reines*, I, p. 209 ; attribuée
par erreur à l'année 1278. Cf. Boutaric, article cité, p. 451.

Cependant les ennemis de la maison d'Anjou se réunissaient à Mâcon, à l'automne de 1281, où Marguerite organisait la résistance contre le futur roi d'Arles. On vit à cette assemblée l'archevêque de Lyon, l'évêque de Langres, le comte Philippe de Savoie, le comte de Champagne, le comte d'Alençon, le comte et le duc de Bourgogne, Thomas de Savoie, fils du mari de Jeanne de Flandre, le comte de Vienne Henri de Pagny, presque tous parents de la reine et plus ou moins menacés par l'ambition des Angevins [1]. Tous annoncèrent l'intention d'aider Marguerite à poursuivre ses réclamations et à « empêcher que le prince de Salerne ne poust venir au roiaume d'Arle et de Vienne que il porchace vers le roi d'Alemaigne. » On se donna rendez-vous à Lyon, au mois de mai 1282 « pour aller avant en notre besoigne » et s'opposer par force aux projets de la maison d'Anjou. En même temps, en mars 1282, l'archevêque de Lyon et le Chapitre de Vienne, dont le siège archiépiscopal était vacant, s'unissent pour la défense de leurs privilèges, qu'ils croient menacés par l'avènement du futur roi de Vienne [2]. « Nous craignons, disent d'un commun accord l'archevêque de Lyon et les membres du chapitre de Vienne, que l'arrivée du Roi annoncé ne cause un grave préjudice aux droits, juridictions et possessions de l'Église. » Aussi, pour faire face à ce danger, ils forment une alliance contre tout prétentat qui « sous le prétexte du royaume de Vienne, au nom et pour le compte du roi de Vienne, saisirait ou tenterait de saisir, léserait ou tenterait de léser les droits et juridictions de leurs Églises ou de l'une d'elles. » Un seul chanoine de Vienne refusa son adhésion à ce traité, tant l'opinion était enracinée chez les membres du clergé que la création du royaume de Vienne leur serait funeste. Par mesure de précaution, l'archevêque de Lyon reçut l'autorisation d'occuper, en cas de nécessité, le château-fort de la Bâtie, qui appartenait à l'Église de Vienne.

[1] Voir la lettre de Marguerite de Provence à Edouard Ier, du 30 octobre 1281, datée par erreur de 1280. *Lettres de Rois et Reines*, t. l, p. 265. Cf. Boutaric, article cité, p. 451.
[2] Valbonnais, *Histoire du Dauphiné*, t. II, p.23. Cf. Archives départementales de l'Isère, Chambre des Comptes de Grenoble, B. 3015, fo 88 et ss. — On se coalise « propter suspicationem Regis venturi Viennam » contre toute personne qui « pretextu Regni Vienne vel nomine Regis Vienne, » porterait atteinte aux privilèges des Eglises.

Parmi les seigneurs ecclésiastiques ou laïques qui se préparèrent à résister par tous les moyens au pouvoir du futur roi, on ne rencontre ni le dauphin Humbert Ier ni son allié le comte Aymar IV de Valentinois [1]. De plus, les Églises de Vienne et de Lyon considèrent à cette époque le Dauphin comme leur adversaire ; d'où il est permis d'inférer que Humbert était en bonnes relations avec la famille d'Anjou ; ainsi le roi d'Arles ne se trouvera pas sans appui dans son futur royaume. A vrai dire, la lutte semble imminente : partout dans le sud-est de la France on s'attend à la guerre ; les forces qui se réunissent à Macon heurteront bientôt celles qui s'organisent en Provence ; enfin Marguerite de Provence pourra vider sa querelle avec Charles d'Anjou. Contre toute prévision la paix ne fut point troublée : le danger fut détourné par la catastrophe soudaine des Vêpres Siciliennes. Charles d'Anjou, absorbé par les soucis de la politique italienne, dut forcément négliger le royaume d'Arles et de Vienne, dont la reconstitution demeura encore une fois dans le pays des chimères.

XIII

Quelles qu'eussent été les oscillations de sa politique générale, Philippe le Hardi n'avait point cessé d'étendre son influence au-delà de la frontière qui, dans le sud-est, séparait le royaume de l'Empire. On sait qu'à la suite des Vêpres Siciliennes, Philippe prit ouvertement le parti de son oncle Charles d'Anjou et organisa une expédition contre le rival de Charles, l'excommunié Pierre d'Aragon. Cette guerre était destinée à venger du même coup l'injure de l'Église et celle de la maison de France : aussi le roi obtint-il, pour subvenir aux dépenses nécessaires, un décime sur les biens du clergé. Or, en vertu des décisions que les ambassadeurs de France avaient sollicitées de la cour de Rome, le décime dut être levé, non seulement en France, mais dans tous les pays frontières, notamment dans une partie considérable du royaume d'Arles [2]. En fait, le clergé du pays

---

[1] C'est surtout en 1283 que se resserre l'alliance contre le Dauphin et le comte Aymar : un mariage est alors convenu entre une des filles du Dauphin et un fils du Comte. Archives départementales de l'Isère, B. 3540.

[2] Martin IV accorda au roi de France les décimes des provinces ecclé-

d'Empire contribuait aux frais des entreprises de la maison
Capétienne ; on comprend les plaintes que Rodolphe de Habsbourg
adressa l'année suivante au pape Honorius IV, qui avait rem-
placé Martin IV sur le siège pontifical. Plaintes inutiles ! Le pape
répond que le roi de France est en pleine guerre, et que le
moment est mal choisi pour lui enlever les subsides que l'Église
Romaine lui a promis [1]. Quelques années plus tard, le Saint-Siège
renouvelle, en faveur de Philippe le Bel, la concession qu'il
avait accordée à son prédécesseur [2]; on sait en effet que la guerre
d'Aragon ne fut définitivement terminée qu'en 1295. Aussi, en
1290, les murmures des princes, des seigneurs de l'Empire en
sont venus à ce point que Rodolphe est obligé de répéter ses
protestations [3]. Nicolas IV lui répond que les décimes levés sur
le clergé du pays d'Empire sont exigés, non pas en faveur d'une
cause nationale, mais au nom des intérêts sacrés de l'Église,
dont le roi d'Aragon n'a cessé d'être l'ennemi capital : il n'en
saurait résulter aucun préjudice pour l'Empire, aucun avantage
pour le roi de France.

En théorie nul ne pouvait contester la justesse de ces obser-
vations ; en fait, le clergé du royaume d'Arles s'habituait à lier
ses intérêts et ses aspirations aux intérêts et aux aspirations du
clergé français. D'ailleurs, la politique royale cherchait par
d'autres moyens à entraîner dans son orbite le royaume d'Arles ;
sur plus d'un point elle fait des progrès aussi réguliers que sûrs ;
parfois elle impose ses décisions aux seigneurs, et apparaît aux
populations comme l'arbitre suprême de la guerre ou de la paix.
Voyez-la plutòt à Viviers : le sénéchal de Beaucaire, représentant
du roi de France en Languedoc, est en conflit avec le chapitre ;
aussi des usurpations incessantes sont commises. Le temporel
de l'évêque est saisi ; ses vassaux sont obligés de rendre hom-

siastiques de Lyon, de Vienne et de Tarentaise. Amari, *la guerra del vespro
Siciliano*, t. II, pp. 321 et ss. Cf. Hellen, *op. cit.*, p. 135. Le roi ne put la per-
cevoir dans les terres du comte de Provence, auquel le pape crut bon de
réserver les ressources de ses sujets.

[1] Raynaldi, 1285, § 23.

[2] *Ibid.*, 1289, § 13.

[3] Rodolphe dit : « Quod principum, magnatum et baronum imperii adversus
excellentiam regiam murmura percrescebant, quasi dictum Imperium minime
tueatur, eo quod... Philippus rex Francorum illustris excedat limites regni
sui. » Raynaldi, 1290, § 21.

mage au roi ; en 1284 Rodolphe peut écrire en ces termes à Philippe le Bel :

« Les plaintes presque unanimes des grands du royaume d'Arles nous sont parvenues et nous ont appris les persécutions diverses dont est broyée, sans doute à votre insu, par le fait de vos agents et de vos serviteurs, l'insigne Église de Viviers, noble membre de notre Empire, sous la domination duquel elle repose en paix depuis un temps immémorial. Comme sous l'inspiration de la miséricorde divine, nous nous sommes imposé cette loi salutaire de ne point ambitionner le domaine d'autrui et de nous contenter de nos frontières ; ... nous prions de tout cœur votre sérénité, de détourner, à l'exemple de votre illustre père Louis, de vénérée mémoire, vos officiers et agents de troubler et de persécuter la dite Église de Viviers. Car, cela est connu de tous dans l'Empire et vous ne l'ignorez pas, nos très saints pères Grégoire et Clément ont jadis représenté à votre père l'état de cette Église ; sur leurs instances, ce roi pacifique et ami de la justice, a reconnu les liens de sujétion qui rattachent ladite Eglise à l'Empire, et a empêché ses serviteurs de lui porter préjudice [1]. » Philippe le Hardi, surpris par la mort, ne put lui-même régler cette affaire ; mais, dès le début de son règne, Philippe le Bel répondit à Rodolphe par un fait plus éloquent que toutes les lettres. Grâce aux mesures de rigueur qu'il maintint en dépit des excommunications, il contraignit le nouvel évêque de Viviers à se soumettre et à prendre l'engagement « d'ester à droit devant le Roi sur les articles auxquels il était tenu de droit et de coutume. » Les officiers du roi ne s'en contentèrent pas, « ils le poursuivirent sans relâche et en obtinrent une complète reconnaissance de la suzeraineté de la France [2]. »

A Lyon, l'action de la royauté ne cessa point de se faire sentir bien que traversée par de nombreux obstacles : tout en témoignant parfois une certaine bienveillance à l'Église, les agents du roi saisirent les occasions d'exercer la juridiction au nom de

[1] Lettre inédite publiée par Heller, *op. cit.*, p. 155.
[2] Fin de 1285 et commencement de 1286. *Gallia Christiana*, XVI, 307. Ce n'est qu'en échange de cette déclaration que le roi relâcha le temporel saisi à Viviers, à Bourg-Saint-Andéol, etc. — Cf. Boutaric, *la France sous Philippe le Bel*, p. 407, et Vaissette, nouvelle édition, t. IV, pp. 132 et 133.

leur maître. Le savant historien de la réunion de Lyon à la France, M. Pierre Bonassieux, résume la situation en ces mots : « Dès le dernier tiers du xiiie siècle, le roi est maître, de fait, du Lyonnais. Il règle à sa fantaisie tout ce qui concerne ce pays, sans s'inquiéter, pour ainsi dire, de ses maîtres légitimes. De 1288 à 1289 nous le voyons défendre aux Lyonnais tout rapport avec les gens de l'Empire, leur ordonner même de repousser les courses poussées par ces étrangers dans son royaume [1]. » Si complet est l'assujettissement des Lyonnais que le chapitre de la primatiale se résigne à recevoir dans son sein les candidats qui lui sont recommandés par le roi de France.

Non loin de Lyon, en Dauphiné, les circonstances permettaient à la royauté Capétienne de faire oublier par son influence l'action régulière de l'Empereur et de ses agents. Le jeune Dauphin Jean, dernier représentant de la seconde race des Dauphins de Viennois, était mort en 1282 : Anne, sa sœur, mariée à Humbert de la Tour, le sénéchal du royaume d'Arles, réclamait sa succession en vertu du testament de leur père commun le Dauphin Guigues VII. Mais on sait combien étaient incertaines et obscures les coutumes régissant la dévolution des successions des grandes seigneuries de cette région ; aussi le duc Robert de Bourgogne, représentant mâle de la famille, opposait ses prétentions à celles d'Anne de la Tour.

Rodolphe de Habsbourg ne fut point sans éprouver quelque embarras dans cette affaire. Ses sympathies le portaient vers Humbert de la Tour, l'ennemi naturel de la Savoie ; de plus, il était en quelque façon engagé à le protéger, lui et les siens, voici pour quel motif :

Le jour même de la mort du jeune Dauphin, sous l'empire de je ne sais quel entraînement irrésistible, sa mère Béatrice, dame de Faucigny, investit de ses possessions dans cette province son petit-fils Jean, issu du mariage d'Anne avec Humbert de la Tour, et futur Dauphin, si l'héritage du Dauphiné n'échappait point à la maison de la Tour. Cette libéralité assurait pour l'avenir la réunion dans les mêmes mains du Dauphiné et du Faucigny ; elle devait évidemment porter ombrage aux comtes

---

[1] Bonnassieux, *De la réunion de Lyon à la France*, p. 67.

de Savoie, peu désireux de voir ainsi s'accroître la puissance de leurs rivaux. Béatrice le prévit, et pour mieux assurer l'effet de sa libéralité, elle s'adressa au représentant du pouvoir impérial. Le 24 septembre 1282, Hermann de Baldeck, qui portait le titre de bailli général de l'Empire [1] romain pour la Bourgogne, assista à la cérémonie de l'investiture du Faucigny, que Béatrice donna à son petit-fils par le procédé traditionnel de la *festuca ;* puis il prit l'enfant sur ses genoux, pendant que Béatrice lui adressait ces paroles : « Beau fils Jean, je te place sous la garde et la pro-« tection du sérénissime seigneur Rodolphe, roi des Romains, qui « te maintiendra et te défendra dans la possession de tous ces « biens [2]. »

Il semble dès lors qu'il y ait partie liée entre la maison de la Tour et l'Empire, et que Rodolphe, dans la querelle de la succession du Dauphiné, se prononcera pour Humbert Ier et la Dauphine Anne. Cela paraît d'autant plus probable que l'année suivante, en 1283, Rodolphe parvient à faire une campagne décisive contre le comte Philippe de Savoie [3] : je n'ai pas à entrer ici dans le récit de cette campagne [4] ; il suffira de dire qu'après une paix qui ne fut qu'une trève, les hostilités furent reprises jusqu'à un traité définitif (10 décembre 1283), absolument désavantageux à la maison de Savoie. Le comte de Savoie, isolé par la politique et les succès du roi des Romains et trahi par le sort des armes, dut restituer à Rodolphe Morat, Gümminen et ses droits sur Porrentruy [5].

Décidément les Habsbourg triomphaient dans la Suisse occidentale ; Rodolphe en ressaisissait les positions importantes et s'assurait de l'avouerie du siège épiscopal de Lausanne. Cependant il ne semble pas pressé de consommer sa victoire en élevant

[1] L'acte est daté de Bonneville. — Voir sur ce personnage la note de Wurstemberger, III, p. 419. C'était un ancien et fidèle serviteur de Rodolphe : il ne resta pas longtemps en Savoie, car en février 1283 il se trouvait à Thun.

[2] Wurstemberger, *op. cit.*, III, pp. 412 et ss. ; IV (*Urkunden*), n° 847.

[3] Rodolphe réclame l'appui de comte de Genève, par un acte du 22 juin 1283.

[4] Cf. Kopp, *op. cit.*, pp. 363 et ss. - Le 30 mars 1283, pendant qu'il assiège Porrentruy, Rodolphe fait savoir aux marchands italiens que le pouvoir impérial leur assurera en Bourgogne une protection efficace contre les exactions. — Böhmer, *Regesta Imperii*, n° 743.

[5] Kopp. *ibid.*, p. 364. *Regesta*, n° 762.

la famille de la Tour pour l'opposer à la maison de Savoie. Voyons quelles circonstances ont modifié ses dispositions favorables à Humbert et à ses descendants.

D'abord Béatrice de Faucigny, qui a jadis abandonné ses domaines à Jean, fils d'Humbert de la Tour, voudrait revenir sur sa donation ; elle remplit, devant le tribunal de deux abbés délégués par Rodolphe, les formalités nécessaires pour arriver à la révocation de sa libéralité [1]. De plus, un événement imprévu a rapproché le roi des Romains des ennemis du Dauphin ; sans doute en vue de resserrer les liens qui l'attachent à la dynastie Capétienne et d'affermir sa propre influence dans l'est de la France, Rodolphe, alors âgé de soixante-six ans, a demandé et obtenu la main de la jeune Isabelle de Bourgogne, sœur du duc Robert, qui était à la fois un membre important de la féodalité française et un allié de la famille royale. Or ce Robert, qui devenait ainsi le beau-frère de l'Empereur, était le dernier représentant mâle de l'ancienne race des Dauphins, partant le rival de Humbert de la Tour ; au moment de la célébration de son mariage, c'est-à-dire en février 1284, Rodolphe de Habsbourg, sans s'inquiéter de ses anciennes relations avec la famille de la Tour, avait accordé à Robert de Bourgogne l'investiture du Dauphiné [2].

Aussi la guerre fait rage entre le duc de Bourgogne aidé du comte de Savoie et le Dauphin appuyé par son auxiliaire le comte de Valentinois [3]. Cependant Rodolphe n'est pas sans regretter cette lutte entre des seigneurs qui de part et d'autre lui tiennent de près ; le 17 mars 1284 par une lettre adressée à Humbert de la Tour, auquel il donne le titre contesté de Dauphin,

---

[1] *Regesta Imperii* (1246-1313), *additamentum primum*, p. 387.

[2] Remiremont, 4 février 1284. — Guichenon, Preuves, p. 80. — Wurstemberger, IV, no 856.

[3] Les cartons B. 3543 et ss. des Archives départementales de l'Isère (Chambre des Comptes, Valentinois), sont remplis de documents sur cette coopération d'Aymar de Valentinois aux opérations militaires du dauphin. Aymar prêta des sommes importantes à Humbert *pro guerra ducis gurgundie et comitis Subandie* : il lui fournit des soldats moyennant un salaire dont nous avons le tarif : dix sous de viennois par jour pour un châtelain banneret, six sous pour un chevalier monté et armé, cinq sous pour un écuyer, douze deniers pour un fantassin. Quand Aymar prend les armes pour la querelle du Dauphin, il reçoit vingt sous par jour. Aymar n'était donc qu'un mercenaire payé par Humbert Ier.

comte de Vienne et d'Albon, il l'invite à venir à sa cour afin de chercher les moyens de rétablir la paix ; à l'aller et au retour, il lui assure le libre passage sur toutes les terres autres que celles du comte de Savoie [1].

L'intervention du roi des Romains demeura sans effet ; la lutte continua jusqu'à ce que la médiation puissante du roi de France y mît un terme. Humbert garda le Dauphiné en abandonnant à son adversaire diverses possessions dont les plus importantes étaient les seigneuries de sa famille au-delà de l'Ain ; il s'obligeait en outre à payer au duc de Bourgogne une indemnité de vingt mille livres tournois [2]. Cette dette fut une lourde charge pour Humbert : il lui fallut, pour s'en acquitter, recourir à la bourse de son fidèle allié le comte Aymar de Valentinois. D'ailleurs le roi Philippe le Bel ne perdait pas de vue le traité de paix dont il avait obtenu la conclusion : pendant les années qui suivirent, les officiers royaux s'occupèrent d'en assurer l'exécution [3]. Maintenant le roi, dont l'influence déjà puissante sur les comtes de Valentinois vient de s'affermir en Dauphiné, ne néglige aucun moyen de faire respecter son autorité ; dès 1287 il a établi sur les frontières du royaume, pour protéger ses droits et sans doute aussi pour saisir tous les prétextes de les étendre, un représentant qui porte le titre de bailli royal dans les diocèses du Puy, de Vienne, de Valence et de Viviers : c'est peut-être une imitation du bailli impérial que Rodolphe de Habsbourg a chargé de le représenter en Bourgogne [4]. En tous cas cet agent fait sentir aux seigneurs

---

[1] Valbonnais, *Histoire du Dauphiné*, II, 28 : Chevalier, *Inventaire des Archives de saint-André*, n° 19.

[2] Les documents sur cette médiation (1285-1286) sont conservés au trésor des Chartes, J. 277, 2 ; 278 et 279. Les actes qui la concernent sont datés de Paris, le 25 janvier 1286. Valbonnais, II, pp. 30 et ss. La lutte du Dauphin avec le comte de Savoie ne prit fin qu'en 1287. Valbonnais, II, p. 39.

[3] 28 juin 1289 : « Galterius de Caprosia, serviens ut dicitur domini Regis Francie deputatus... ad exequendum... articulos contentos in pace facta per manum ipsius domini Regis inter dominum ducem Burgundie et dominum Dalphinum Viennensem. » Archives de l'Isère. Chambre des Comptes de Grenoble, B 3545.

[4] Dès 1287, Henri Drogon, *baillivus pro Domino Rege in Aniciensi, Viennensi, Vivariensi et Valentinensi diocesibus*, procède avec ses sergents contre le comte de Valentinois, qui ne paie pas les sommes pour lesquelles il a cautionné le Dauphin Humbert vis-à-vis du duc de Bourgogne. Archives

voisins,même aux plus puissants, tout le poids de la main de son
maître ; il traite le Dauphin et le comte de Valentinois comme
des sujets, les cite devant sa juridiction et leur inflige. des
amendes quand il a constaté sur leurs domaines des infractions
aux ordonnances royales, par exemple des duels ou le port
d'armes prohibées. Sans doute le sénéchal de Beaucaire et le
bailli de Macon avaient été jugés trop éloignés pour accomplir
cette besogne : il fallait à la royauté française un fonctionnaire
énergique et habile, dont la seule mission devait être de ne point
manquer une occasion de porter plus avant dans le sud-est le
nom et l'autorité des rois Capétiens.

En toutes ces affaires, la politique de Rodolphe n'avait pas été
heureuse ; grâce à son alliance avec le duc de Bourgogne, il avait
jeté dans les bras de Philippe le Bel le Dauphin et le comte de
Valentinois. S'il ne réussissait pas à conserver ses alliés natu-
rels, encore moins parvenait-il à rallier à sa cause des ennemis
invétérés tels que les Savoyards.Cependant il essaya d'exploiter
à son profit la discorde jetée dans la maison de Savoie par l'ou-
verture de la succession du comte Philippe.

Ce prince était mort le 17 août 1285, après un règne de dix-
sept ans qui n'avait été heureux ni pour lui ni pour ses sujets.
Battu par Rodolphe de Habsbourg, il avait encore dû souffrir
l'agrandissement de son voisin Humbert de la Tour ; au nord
et au midi, son prestige était atteint avec sa puissance. En ligne
directe, le représentant de la maison de Savoie était Philippe,
petit-fils de Thomas II, l'époux de Jeanne de Flandre ; mais il
rencontrait des rivaux redoutables dans la personne de ses
oncles Amédée et Louis de Savoie. Trop faible pour décider entre
ces prétentions contradictoires, le vieux comte Philippe avait
pris le parti, qui plaît toujours aux caractères faibles, de s'en

de l'Isère. Chambre des Comptes, B 3543. Le 25 janvier de cette année, il
saisit contre le Dauphin le château de Rocheblave, à cause d'une somme
de six cents livres tournois à laquelle Humbert a été condamné par suite
d'un délit commis par ses hommes et pour diverses autres causes. *Ibid.* En
1290, c'est le comte Aymar IV de Valentinois, qui doit payer au même
bailli une somme de deux cent vingt livres tournois à l'occasion d'un duel
qui avait eu lieu à Privas et de port d'armes à la Voulte, *contra statutum
Regis. Ibid.*, B 3546. En 1293, le comte Aymar IV plaide devant le bailli
dans un procès contre les Bouvier. *Ibid.*, B 3540. Je dois ces renseignements à l'obligeance de M. Prudhomme, archiviste de l'Isère.

rapporter au jugement d'un tiers : par son testament il déclara remettre l'affaire aux mains, non pas du roi des Romains Rodolphe, mais d'Édouard Ier, roi d'Angleterre et de sa mère Éléonore [1].

Or il faut savoir que depuis longtemps Louis de Savoie avait recherché et obtenu les bonnes grâces de Rodolphe ; déjà un diplôme de 1284 avait suffisamment marqué à tous en quelle faveur le tenait le roi des Romains [2]. Sans doute sous l'influence des exécuteurs testamentaires, des arbitres furent nommés pour décider entre les prétentions rivales d'Amédée et de Louis : l'inclination personnelle du roi des Romains fut pour peu de chose dans leur décision. Amédée fut désigné pour succéder au comte de Savoie, et Louis dut se contenter de possessions importantes, situées notamment dans le pays de Vaud ; il était obligé d'en rendre hommage à son frère aîné [3]. Encore une fois la Savoie retrouvait un souverain peu sympathique à la maison de Habsbourg.

XIV

Ainsi les questions politiques qui agitaient le royaume d'Arles se résolvaient en dehors de l'influence impériale. Le roi de France avait tranché la querelle de la succession du Dauphiné ; en Savoie le candidat agréable à Rodolphe n'avait pu triompher de son rival. Ajoutez à cela que le comte de Valentinois, aussi bien que le Dauphin, est maintenant à la discrétion des officiers du roi de France ; que la Provence a été provisoirement confiée au roi Philippe par Charles d'Anjou mourant, pour qu'il la garde tant que durera la captivité de Charles le Boîteux ; que l'Église de Viviers a dû se soumettre à la royauté française.

---

[1] Testament daté du 23 octobre 1284. Wurstemberger, IV, n. 859. — Cf. n. 862.

[2] Rodolphe confère à Louis de Savoie le droit de battre monnaie. *Regesta*, n° 781 (11 février 1284).

[3] Lyon, 14 janvien 1286. L'exécution de la sentence arbitrale était confiée aux rois de France et d'Angleterre et aux deux reines-mères. Marguerite et Eléonore. *Monumenta Historiæ Patriæ*. Chartæ, I, c. 1581. — Cf. Wurstemberger, IV, n. 867. Sur les bonnes relations du comte Amédée avec le roi d'Angleterre, voir les actes publiés dans Rymer, I, II, p. 10 et *Acta omissa*, p. 87. — Rodolphe, au mois de juillet 1286, concéda à Louis de Savoie des droits et des fiefs à Moudon, à Yverdon et à Rommont. *Regesta Imperii*, n. 1218 et 1301.

Ajoutez enfin qu'à Lyon les agents du roi de France, soutenant énergiquement la bourgeoisie contre l'Église, font chaque jour de nouveaux progrès ; animée par les encouragements de la royauté, la bourgeoisie lyonnaise proteste contre la souveraineté de son archevêque et se met définitivement sous la protection du roi. Les agents de Philippe le Bel n'ont aucun scrupule à modifier leur attitude suivant les circonstances ; tantôt ils saisissent le temporel de l'Église de Lyon, tantôt ils manifestent un respect affecté des droits de l'Église pour en revenir ensuite à prétendre que Lyon se trouve sous la juridiction de leur maître. Il faut bien en convenir, la politique de Philippe le Bel, là comme ailleurs, ne recule ni devant la violence ni devant l'hypocrisie [1].

Ce n'est pas seulement dans le sud-est que l'extension de la puissance royale menace l'Empire. Les tendances françaises du Palatin Otton de Bourgogne inquiétaient depuis longtemps le roi des Romains : il n'entre pas dans mon plan de raconter ici l'expédition qu'il conduisit lui-même dans la Comté, en 1289, pour n'obtenir de son vassal indocile qu'une satisfaction nominale : on sait comment deux ans plus tard. l'année même de la mort de Rodolphe, Otton consommait l'évolution de sa politique en promettant sa fille unique en mariage au fils de Philippe le Bel.

Si Otton était dans l'est le centre de ralliement des adversaires des Habsbourg, ce rôle n'avait pas cessé d'appartenir dans le royaume d'Arles au comte de Savoie. Aussi, peu de temps après son expédition en Comté, Rodolphe dut se préoccuper de nouveau des entreprises du comte Amédée ; il revint en 1291 dans les régions qui forment la Suisse actuelle et appela auprès de lui tous les seigneurs du sud-est qui étaient les adversaires de son éternel ennemi. Son appel fut entendu, non pas que le prestige de l'Empire fût grand, mais la haine contre les Savoyards était vive. On vit à Morat, dans cette ville reconquise par les Habsbourg sur Philippe de Savoie, les seigneurs ecclésiastiques et laïques du royaume d'Arles et de Vienne, se presser autour de Rodolphe. Convoqués pour s'associer aux mesures que le roi

---

[1] Voyez les détails intéressants fournis par Bonnassieux, *op. cit.*, pp. 68 et ss.

des Romains entendait prendre contre les rebelles [1], c'est-à-dire vraisemblablement contre ses ennemis de Comté et de Savoie, ils étaient accourus, apportant leurs rancunes avec leur ambition. Là furent présents à côté de l'évêque de Valence, et de Die, le dauphin Humbert Ier, le comte Aymar de Valentinois, le comte Amédée de Genève, la dame de Faucigny et Humbert de Villars ; tous s'associèrent aux déclarations solennelles que lançait Rodolphe contre ses ennemis, et dont il confiait l'exécution à son représentant le bailli de l'Empire pour les pays au-dessus de l'Oron. Mais ces pompeuses exagérations demeurèrent inutiles : le résultat le plus clair de cette manifestation fut la confirmation, par le roi des Romains, des privilèges du comte de Valentinois et de l'évêque de Valence [2], et la concession pour quelques mois de la garde de l'abbaye de Saint-Claude au dauphin Humbert Ier qui portait toujours le titre pompeux de sénéchal du royaume d'Arles et de Vienne [3]. Quelques jours après, le roi des Romains rencontrait le fils de son ancien rival, Charles II de Sicile, dans une entrevue qui dut attirer l'attention des contemporains ; il y fut sans doute question du sort du royaume d'Arles. Si les deux souverains y tombèrent d'accord sur quelques résolutions, ce ne fut que pour y donner un nouvel exemple de la vanité des desseins des grands de la terre.

Bientôt Rodolphe Ier descendait dans la tombe, laissant l'Allemagne en proie aux agitations d'une élection nouvelle. Moins heureuse que la France, elle n'avait pu fonder cette monarchie héréditaire qui, en lui épargnant le renouvellement périodique des discordes intestines, lui aurait permis d'exercer une influence durable et par suite efficace, sur les destinées des nations voisines. Tandis que l'Empire oscillait entre les maisons de Habsbourg, de Nassau et de Luxembourg, la France poursuivait ses destinées sous la direction habile et ferme de Philippe le Bel.

---

[1] Valbonnais, II, p. 55. Pertz, *Leges*, IV, p. 458. Cf. *Regesta Imperii*, no 1110.

[2] 2 mai 1291. — *Regesta Imperii*, n. 1109.

[3] Valbonnais, II, p. 56. La garde de l'abbaye de Saint-Claude fut donnée, par un diplôme impérial du 29 mai 1291, à Jean de Châlon, seigneur de Arlay. *Regesta Imperii*, no 1113 et 1114. Voir surtout Winkelmann, *Acta Imperii inedita*. II, nos 196 et 197. La publication de Winkelmann a rectifié la date attribuée à ces diplômes.

Ce nom suffit à lui seul pour exprimer une politique à la fois énergique et ambitieuse, usant sans scrupule de ses avantages, très déterminée à ne point reculer devant des adversaires faibles et divisés, et à travailler de tout son pouvoir à l'achèvement du grand œuvre de l'unité nationale. Dès cette époque le royaume d'Arles et de Vienne est acquis à la royauté française, qui pour longtemps, en dépit de grandes fautes et de grands revers, est devenu le pouvoir dominant dans l'Europe occidentale.

437. — Bruxelles, A. Vromant, imprimeur, rue de la Chapelle, 3.